ESSAI

SUR

LES LOIS PROVIDENTIELLES.

Tous les exemplaires non revêtus de ma griffe seront réputés contrefaits et poursuivis suivant la rigueur des lois.

ESSAI

SUR LES

LOIS PROVIDENTIELLES

ET

LES PRINCIPES DU DROIT NATUREL

DÉDUITS DE CES LOIS

ET DÉDIÉS AUX AMIS DE L'ORDRE;

PAR

M. Louis RAVAILHE,

Juge au Tribunal civil d'Albi.

ALBI,

MAURICE PAPAILHIAU, IMPRIMEUR-LIBRAIRE,

Rue de la Mairie, 14.

1849.

AVANT-PROPOS.

—

Empressé de mettre à la connaissance du public, un projet de loi sur
le duel, dont l'utilité, la nécessité même me paraissent toujours incontestables, je fis publier, en 1839, une partie de ce petit ouvrage, dont il ne faut
cependant pas juger par le volume,
avant qu'il fût encore terminé. Mais
ayant eu le malheur de blesser, sans

en avoir l'intention, quelques amours propres d'un rang élevé, la malveillance en profita, et Dieu sait tout ce qu'elle fit pour empêcher cette publication; elle fit tant qu'on peut la considérer, je crois, comme non-avenue.

Ma tâche étant terminée aujourd'hui, je viens dans une seconde édition de mon ouvrage, offrir à mes concitoyens ce qui m'a paru manquer à la première.

Je suis loin de me flatter cependant qu'un travail de cette nature se trouve encore complet aujourd'hui; peut-être même ne le sera-t-il jamais, autant du moins qu'il serait possible de le désirer; mais, tel qu'il est, il peut déjà fixer quelques idées sur les véritables fondements des législations humaines, et c'est là tout le succès auquel il m'est permis de pouvoir aspirer.

Serais-je plus heureux pour cette édition que pour la précédente? je l'ignore. Tout ce que je sais, c'est que la persécution à laquelle je suis en butte depuis si longtemps, n'est nullement abandonnée, et que mes ennemis sont loin encore d'avoir épuisé contre moi toutes les ressources de leur génie fécond et malfaisant.

Mes prévenances et mes procédés à leur égard auraient dû, sans doute, les désarmer depuis longtemps; mais la haine de l'esprit de parti s'éteint-elle jamais? et ses organes, une fois mis en action, succombent-ils jamais à la lassitude, éprouvent-ils jamais le besoin de s'arrêter?

Quels sont ceux d'ailleurs dans cette tourbe, que cette haine entraîne toujours avec elle, qui connaissent la véritable impulsion à laquelle ils obéissent? Ne sont-ce pas ordinairement deux ou trois hommes dont la malveillance et l'audace entraîne tout le reste, et dès-lors pour tout ce qui n'est qu'instrument aveugle de la persécution d'autrui, peut-il y avoir jamais quelque motif de s'arrêter?

Je ne saurais donc me promettre jamais quelque repos dans ce bas monde, et ce sera toujours, oh mon Dieu! au milieu des tribulations que me suscitera cette malveillance inplacable, qui me poursuit jusques dans mes amitiés, et qui a porté le trouble jusqu'au sein de ma famille, que je serai forcé de méditer sur la grandeur et la sagesse de vos lois providentielles, et sur les rapports de ces lois avec celles que la sagesse des hommes a imaginées pour le bien-être et la conservation des sociétés humaines.

ESSAI

SUR

LES LOIS PROVIDENTIELLES

ET LEURS RAPPORTS AVEC NOS LOIS CIVILES,
POLITIQUES ET RELIGIEUSES.

Observations générales.

Il est visible pour tout homme
sensé, que l'ensemble de l'univers est
régi par des lois immuables qui en
conservent l'ordre et en maintiennent
l'harmonie, et que la société des hommes sur ce globe est protégée par des
règles providentielles qui ont pour

but de l'ennoblir et de la perpétuer.
Mais ces règles ne consistent pas, comme l'a dit Vico, dans une gradation
bornée de la civilisation humaine, qui
commencerait à l'idolatrie et se termi-
nerait au règne de la loi : elles doivent
être vues, au contraire, dans une gra--
dation constante et perpétuelle du développement de l'esprit humain et du
bien-être de l'humanité ; dans cet accord continuel entre les besoins de
l'homme et les trésors de son génie ;
dans ce système de compensation perpétuelle entre le mal qui s'opère dans
un temps, et le bien qui surgit dans
un autre ; ou plutôt dans cet ordre
éternel d'après lequel, suivant la volonté de Dieu, le mal finit toujours
par amener le bien.

C'est ainsi qu'à mesure que le nombre des hommes a augmenté sur la terre, une sage industrie a marché d'un pas égal et retiré de l'agriculture la substance nécessaire aux besoins de ses habitans. C'est ainsi qu'à mesure que la dépravation s'est manifestée dans la société, le génie de l'homme a enfanté des lois nouvelles qui ont contenu la malice ou réprimé la méchanceté. C'est ainsi enfin, qu'après les désordres de la conquête, ou les ravages de la guerre civile, un ordre plus convenable dans la société, ou des rapports plus analogues entre les peuples voisins, se sont établis chez chaque peuple en particulier ou entre les diverses nations qui habitent la terre.

C'est ainsi encore qu'à mesure que l'homme s'est rendu plus digne de contempler l'auteur de son être, les images grossières de son culte ont disparu, pour faire place à d'autres plus dignes de représenter la divinité.

C'est ainsi enfin qu'à mesure que l'esprit humain s'est développé, le livre de la nature s'est ouvert aux yeux de l'homme, et qu'il a pu contempler toutes les richesses qu'il renferme depuis les insectes atomiques de Réaumur jusqu'aux nébuleuses des Herschel.

On voit déja que les lois providentielles peuvent être considérées au physique et au moral.

Au physique, elles embrassent le

cours des saisons, la variation des climats, le renouvellement périodique et la variété des productions terrestres ; enfin tout cet ordre admirable qui fait succéder, avec une prévoyance surnaturelle, la chaleur des jours à la fraîcheur des nuits, les pluies aux sécheresses, les rosées aux frimats.

Au moral, elles renferment tous les rapports de l'homme envers l'homme et de l'homme envers Dieu.

C'est cette double face des lois de la nature qui a donné lieu à la double erreur d'Herder et de Vico. Le premier ne voyant de lois providentielles que dans la nature physique de ce monde, a appelé *philosophie de l'histoire*, ce qui n'était que l'influence des lois physiques de la nature, sur la consti-

tution physique et morale de l'homme;
et le second croyant l'effet des lois
providentielles, borné aux résultats
qu'avait pu lui fournir l'histoire du
passé, semble avoir voulu poser un
terme au développement de l'esprit
humain et deshériter l'homme de son
avenir.

C'est en réunissant ces deux systèmes et amendant le dernier, qu'on
pourra parvenir à connaître, en effet,
quelques-unes des lois sur lesquelles
le Créateur a assis le monde et sa
durée; lois sublimes et finales, et sur
lesquelles, peut-être, l'on n'a pas
encore assez médité.

Dans l'ordre physique, il est facile
de distinguer au premier aperçu ce
qui est providentiel et ce qui ne l'est

pas; car le monde dans toute son immensité étant l'ouvrage de Dieu, tout est providentiel dans la nature, sauf ce qui a été produit par la volonté de l'homme et qui est l'ouvrage de son esprit ou de sa main.

Il n'en est pas de même dans l'ordre moral; car ici la volonté de l'homme pouvant concourir avec celle de Dieu, on ne peut déterminer d'une manière exacte, jusqu'à quel point la volonté de la créature a été aidée ou suppléée par celle du Créateur. Dans les révolutions qui changent tout-à-coup la face des empires, pourrait-on dire, par exemple, jusqu'à quel point la volonté de Dieu a aidé celle de l'homme, et suivant cette proportion, déterminer ce qu'il y a de pro-

videntiel dans les différentes révolutions qui se sont succédé sur le globe,
depuis l'origine des sociétés humaines ? Cela paraît très difficile et le
devient même d'autant plus, qu'à
mesure que nous nous éloignons des
événemens qui nous ont précédés,
ces événemens semblent se ranger
d'eux-mêmes dans la catégorie des
faits providentiels. Tout ce qu'on
pourrait dire à cet égard, c'est que
le Créateur veillant sans cesse à la
conservation de son ouvrage, c'est le
danger, plus ou moins grand auquel
il peut être exposé, qui indique la mesure de sa sollicitude et par conséquent de son intervention.

Nous ne nous occuperons point ici
des lois providentielles dans l'ordre

physique; mais dans l'ordre moral,
nous chercherons à découvrir quelles sont celles qui régissent ce monde
et à constater les rapports de ces lois
avec notre législation civile, politique
et religieuse.

Dans son *Esprit des lois*, Montesquieu nous a déjà montré les rapports essentiels que les lois civiles
des différents peuples devaient avoir
avec la nature et le principe de chaque espèce de gouvernement, avec le
climat et le sol de chaque pays. Nous
élevant un peu plus haut, nous tâche-
rons de découvrir encore ceux qu'elles ont ou qu'elles devraient avoir
avec les lois immuables de la providence.

PREMIÈRE LOI.

L'homme vivra en société et seul, parmi tous les êtres créés, il pourra rendre sa condition meilleure. Telle est la pensée qui a présidé à la formation de l'homme et fixé à jamais les destinées de l'humanité.

Que l'homme soit destiné à vivre en société, il ne faut que le voir pour ne pouvoir plus douter de cette vérité ; il est couvert d'un vêtement, et ce vêtement, ce n'est pas la nature qui le lui a donné, comme à tous les autres animaux, il l'a reçu de son semblable.

Il bâtit des maisons, construit des villes, arrête les cours d'eau, dresse des ponts sur les rivières; et généralement ses ouvrages sont le produit de plusieurs mains et seraient même au-dessus des forces d'un seul homme.

Il est doué de la pensée, et la manifeste par des sons ou par des signes d'écriture. A quoi lui serviraient des dons aussi précieux, si sa parole ne devait pas être entendue, si ses écrits ne pouvaient être transmis d'une main à l'autre.

Mais il est plus encore : outre les sentiments de l'amour et de l'affection, seul, dans la nature, il éprouve celui de la pitié; mais où trouver l'application d'un pareil sentiment, si l'homme devait vivre seul et isolé de ses semblables.

L'homme a donc été créé pour vivre avec l'homme, jusqu'à ce qu'enfin il pût se réunir à la divinité; et qu'elles qu'aient été les suppositions des philosophes qui ont parlé de son état de nature, il n'est pas moins certain que cet isolement dans lequel ils ont voulu le représenter n'a jamais existé.

Si nous ouvrons d'abord nos livres sacrés, nous voyons que l'homme déchu de sa condition primitive partage avec sa compagne l'infortune qu'une faute commune a attirée sur eux, et que les enfants issus de leur union, au moins pendant longtemps, vivent avec eux dans l'asile commun.

Adam n'étant plus, point d'intervalle, d'après l'Histoire sainte, entre
sa famille et celles de Caïn et de Seth;
et nous voyons même que Caïn, condamné par son Dieu à mener une vie
errante et vagabonde, devient cependant
dant le chef d'une tribu assez nom-
breuse pour construire une ville, la
première que les hommes aient habitée sur la terre.

Suivant le témoignage de Moïse,
l'homme n'aurait donc jamais été
isolé sur la terre, et de l'état de famille, créé par Dieu même, il serait
passé sans intervalle à l'état de société; car la construction d'une ville
suppose déjà un certain nombre
d'hommes réunis.

Mais indépendamment de ce témoignage, cependant si digne de foi, et dans quelque cosmogonie qu'on veuille se placer, peut-on jamais concevoir l'homme seul et réellement isolé; et n'est-il pas évident, au contraire, que, depuis l'instant qu'il vient au monde jusqu'à celui où il quitte la vie, on ne peut l'apercevoir que momentanément séparé de la famille dans laquelle il a pris naissance, ou de celle dont à son tour il est devenu le chef (1).

Ce n'est, au reste, qu'en vivant en société que l'homme peut parvenir au développement complet de ses facultés morales et intellectuelles. Sans doute, il apporte en naissant ce germe de vertu que Dieu a gravé dans son cœur, et ce principe d'intelligence

qui est la source d'où sont émanés
tous les prodiges de l'esprit humain ;
mais quels fruits auraient pu produire ces semences précieuses, si
l'homme vivant isolé, il n'avait
trouvé dans ses semblables, ou les
occasions de montrer ses vertus, ou
ces encouragemens qui résultent pour
lui de l'approbation des autres hommes, et qui sont tout à la fois le but
et la récompense de ses continuels
efforts.

Doué de la perfectibilité, son esprit tend sans cesse vers une perfection sans terme ; mais sans l'approbation de ses semblables, qui le ras-
sure, l'homme douterait toujours de
lui-même ; car livré à lui seul, il ne
saurait faire un pas sans éprouver la

crainte d'avoir pris une fausse route,
ou de s'être laissé séduire par quelque
fausse clarté.

La réunion des hommes est donc
entrée dans les desseins de la Providence, et l'homme en société est dans
l'état de nature, comme les autres
animaux vivant isolés.

L'avantage éminent de vivre en
société n'est pas le seul dont l'auteur
de la nature a voulu favoriser son
être privilégié. L'homme, mais l'homme seul, a reçu du Très-Haut la faculté de rendre sa condition meilleure.

Sans nous représenter nos premiers pères dans ce dénûment complet et cet isolement impossible dans
lequel quelques écrivains auraient

voulu nous les montrer, quelle différence, cependant, entre la position de
l'homme, réduit dans les premiers
temps des sociétés humaines à vivre
des fruits amers que produisait spon-
tanément la terre, à en disputer la
possession aux animaux, à s'ouvrir
un passage dans des forêts touffues,
et se couvrir de quelques branches
d'arbre pour se mettre à l'abri des
injures de l'air et des atteintes des
frimats, et la vie douce et commode
qu'il se procure maintenant dans des
cités étincelantes d'or et de pierreries,
où l'imagination se fatiguerait en vain
à rechercher un mets ou inventer une
parure qu'il ne lui soit possible de se
procurer. Cependant, ce n'est qu'à lui-
même, qu'aux efforts de son intel-

1.

ligence et de son industrie, que
l'homme doit ces précieux avantages;
ou plutôt à cette loi divine qui, par
une faveur exclusive, a permis à
l'homme d'améliorer son sort, de rendre sa condition meilleure.

Conséquences de cette loi.

Puisqu'il a été accordé à l'homme
de pouvoir rendre sa condition meilleure, il a pu justement s'approprier
la partie de la terre qu'il a trouvée
libre et à sa convenance ; et par la
même raison de justice, qu'il respecte
les droits que d'autres peuvent avoir
acquis avant lui, on doit respecter
ceux qu'il a acquis à son tour : la

propriété est donc d'institution divine; et quoique dans le principe, la terre fût destinée au premier occupant, que par conséquent un homme n'eût pas plus de droit à la possession du sol qu'un autre, dès l'instant que l'un d'entr'eux a trouvé convenable de profiter d'un espace que personne encore n'avait occupé avant lui, nul ne peut plus, sans injustice, le priver des soins qu'il s'est donnés pour améliorer sa condition, car il tient ce droit de Dieu même qui a créé et la terre et les hommes.

Mais, objecte-t-on, que deviendront ceux qui n'arriveront sur la terre que lorsqu'elle aura été entièrement envahie par d'autres, et qu'il n'en restera plus un seul lambeau qui se

trouve sans maître? ces hommes ne
sont-ils pas aussi les enfans du Très-
Haut, et ne doivent-ils pas avoir également leur part aux biens de la
terre? Non, ils ne sauraient avoir le
droit de déposséder ceux qui sont
venus avant eux, parce qu'ils porteraient atteinte au droit dont nous
avons parlé plus haut; ni de partager avec eux les fruits que la terre
produit aujourd'hui, car ces fruits
ne sont plus ceux qu'elle produisait
naturellement avant leur occupation.
Ils sont le produit du travail et de
l'industrie de chaque homme en particulier et par conséquent sa propriété exclusive.

Mais à côté des droits que nous
venons d'établir, et qui nous sem-

blent indestructibles, viennent se
ranger pour l'homme des devoirs
non moins sacrés qui ne lui permettent point de disposer abusivement
des richesses que la providence lui a
départies, et qui l'obligent, au contraire, à se conformer à des lois qui
amènent naturellement une telle répartition des biens de ce monde, que
chacun trouve dans son lot beaucoup
plus qu'il ne pourrait espérer d'une
division exacte de la terre entre tous
ses habitans. En effet, quoique rigoureusement propriétaires des fruits
qu'ils retirent de la terre, ses pos-
sesseurs n'en sont réellement que les
dispensateurs, car leurs besoins et
leur consommation restant les mé-
mes, ces fruits ne font que passer

dans leurs mains pour arriver à leur destination.

Quant à la manière dont les hommes doivent user de cette faculté de transmettre aux autres les excédens de leurs besoins, rien n'a été prescrit par la nature et rien ne pouvait l'être; car toutes les industries, seule fortune aujourd'hui de la majeure partie des hommes, ayant des droits égaux à la répartition des biens de la terre, c'est à la variété des goûts et des besoins de tous qu'elle devait être abandonnée : et, chose admirable! moins la Providence semble avoir tracé des règles à cette répartition, plus elle s'est faite de la manière la plus convenable aux progrès de la société et aux intérêts de l'humanité(2).

Ceci nous amène naturellement à remarquer que c'est bien injustement que presque tous les philosophes se sont réunis pour flétrir le luxe et blâmer les commodités de la vie que l'homme tend sans cesse à se procurer; car outre qu'il a reçu de Dieu même le droit le plus indéfini de rendre sa condition meilleure, c'est ce même luxe, c'est cette recherche continuelle des commodités de la vie, qui amènent enfin la plus admirable, la plus miraculeuse distribution des biens de ce monde entre ses habitans.

Loin de chercher à restreindre le luxe, qui, au reste, en vertu d'autres lois, va toujours croissant dans la proportion des besoins de la société,

les lois civiles devraient donc plutôt
obliger chaque citoyen à vivre d'une
manière convenable à sa fortune ;
car tout ce qui est retranché sur cette
manière de vivre, est un préjudice
causé à l'industrie et par conséquent
une inhumanité; au reste le peuple
laborieux, dont les instincts naturels
ne peuvent guère le tromper, est
bien loin, de son côté, de se plaindre
de ce luxe tant blâmé par la philosophie; et ce qu'il blâme au contraire,
ce qui excite le plus son animadver-
sion, ce sont les calculs d'une économie trop sévère et surtout les pri-
vations que l'avarice peut faire imposer.

Observons cependant que tout est
relatif, et que s'il serait humain

d'obliger l'homme riche à proportionner sa dépense à sa fortune, il
n'est pas moins moral de retenir, dans
de justes limites, celui qui serait tenté
de dépasser ses facultés par ses dé-
penses; car si l'industrie, ce grand
moyen de subsistance dans la société
moderne, peut ordinairement fournir
à l'homme de quoi parer aux véritables besoins de la vie, il n'est pas
moins vrai que rarement elle peut
suffire à contenter ses fantaisies et
satisfaire à tous les désirs de son
amour-propre. Dans ce cas-là le
luxe est donc une véritable profu-
sion, et comme ce n'est ordinairement
qu'aux dépens des mœurs, que le
pauvre ajoute à son luxe ce qu'une
honnête industrie ne saurait lui

procurer, c'est avec raison que, dans ce cas, mais dans ce cas seulement, la philosophie a pu blâmer le luxe (3).

Après le grand moyen de l'industrie employé par la Providence pour arriver à la juste répartition des biens de la terre entre ses habitans, il reste encore une ressource à la nature pour parer aux besoins de l'humanité. Cette ressource se trouve dans la pitié, c'est-à-dire l'amour de son semblable que Dieu a gravé dans le cœur de l'homme ; par ce moyen dont la religion chrétienne surtout a tiré de si grands avantages, il n'est personne qui puisse voir souffrir son semblable sans lui fournir quelque secours ; et en résultat chacun trouve dans ce monde tout ce qui peut être nécessaire à son existence.

Une autre conséquence de la faculté que l'homme a reçue de Dieu d'améliorer sa condition, c'est que l'esclavage est non-seulement inhumain, mais encore impie; car il porte évidemment atteinte à l'un des droits les plus sacrés que l'homme ait reçus du Créateur. Que dans d'autres temps, l'homme ait préféré réduire son ennemi en servitude plutôt que de lui donner la mort, cela se conçoit et mérite même l'approbation de tous les hommes; mais que sans aucun motif de sécurité personnelle, ni de légitime défense, l'homme assujettisse l'homme et le prive non-seulement d'améliorer sa condition, mais le ravale à celle de la brute, c'est évidemment blesser un droit divin et porter atteinte à l'œuvre du Créateur.

DEUXIÈME LOI.

Un grand écrivain a dit de nos jours, en parlant de l'homme : *Il grandira toujours, toujours, toujours, jusqu'à ce qu'il s'élève à la hauteur du trône de l'Éternel.* Il a donc proclamé une loi providentielle, et c'est celle à laquelle nous avons donné le deuxième rang (*).

S'il est quelque chose en nous qui soit au-dessus de la matière, ce quel-

---

(*) Quand on cite des paroles de M. de Chateaubriand, on pourrait presque se dispenser de le nommer.

2

que chose est immortel, et si l'on veut en découvrir l'origine, on ne peut la trouver que dans le sein même de la Divinité. En soufflant sur l'argile, en animant le corps qu'il venait de former, Dieu lui a donc transmis une étincelle de son être, et en même temps l'immortalité.

De cette origine de l'esprit humain suit nécessairement une perfectibilité indéfinie. Si notre âme, en effet, est d'essence divine, ce qu'on ne peut guère nier sans contester son immortalité, elle doit tendre sans cesse à se séparer de la matière, à se dégager de ses liens terrestres, à se purifier de toute souillure, jusqu'à ce qu'enfin elle puisse se réunir à l'unité dont elle a été séparée.

Cette tendance, au reste, est incontestable, et elle se manifeste surtout par ce désir continuel de s'élever
et de connaître qui fait bien le tour-
ment de l'homme ici-bas, mais qui
doit un jour combler sa félicité.
Quelle puissance, en effet, autre que
celle de laquelle il est émané, pourrait arrêter ce mouvement d'élévation
et d'agrandissement imprimé à l'esprit humain, ou en prévenir les effets?
Mais Dieu a-t-il dit à l'homme,
comme il a dit à la mer : *Voilà ta
borne, tu n'iras pas plus loin;* et ne
lui a-t-il pas donné au contraire le
sentiment intime de l'infini et de l'é-
ternité ?

L'homme tendra donc toujours à
s'élever vers la Divinité, et tout fait

pressentir que ses désirs doivent enfin être satisfaits. Et pourquoi, en effet, Dieu aurait-il imposé à l'homme un désir aussi vif de s'élever et de connaître, si ce désir ne devait jamais être satisfait ? Eût-il été digne de sa puissance de créer l'homme avec l'amour de ce qui est, et de faire de cet amour le supplice éternel de son être privilégié ? Non, il ne saurait en être ainsi, et le désir de s'élever et de connaître en suppose nécessairement la possibilité.

Conséquences de la deuxième Loi.

De la perfectibilité indéfinie de l'esprit humain, suit la conséquence

nécessaire que toutes les législations
humaines ne sauraient être que tran-
sitoires, et qu'elles doivent naturellement cesser d'avoir leur effet, lorsque
de nouvelles lumières ou de nouveaux
besoins obligeront à les modifier. Que
penser, dès lors, de cette résistance
générale des gouvernemens civils à
toute espèce de modification dans les
lois existantes, et de cette crainte si
exagérée des innovations en matière
de législation ? Que penser des volontés immuables, et surtout de cette
formule de nos anciennes comme de
nos nouvelles lois, *et afin que ce soit
chose stable et ferme à jamais, nous y
avons fait apposer notre sceau ?....*

Ce n'est pas que nous entendions
par là conseiller aux gouvernemens

d'adopter, sans examen, tous les projets de changemens législatifs qui
pourraient leur être présentés. Tout
ce que nous voulons dire, c'est qu'ils
ne doivent pas être ennemis de toute
innovation en législation, et qu'ils
doivent se montrer disposés à accueil-
lir toutes celles qui présentent des
améliorations réelles, alors même
qu'elles pourraient contrarier des
usages existans, des habitudes déjà
faites (4).

TROISIÈME LOI.

L'homme sera libre dans ses actions, mais jamais sa liberté ne pourra faire obstacle aux desseins de la Divinité.

L'homme étant responsable de ses fautes devant son Créateur, devait être libre dans ses volontés, et cette liberté, il la possède toute entière. Mais la volonté de l'homme devait-elle triompher de la volonté divine, et l'ordre de la nature, l'harmonie de l'univers, devaient-ils être abandonnés au mouvement perpétuel de ses fantaisies et de ses caprices ? Non sans doute. Il a donc fallu que, mal-

gré la liberté dont l'homme devait
jouir pour être responsable de ses
actions, ses volontés fussent impuis-
santes contre celles d'un ordre supérieur.

Toutes les fois donc que la volonté
de l'homme se trouve en opposition
avec celle de Dieu, elle reste vaine
et impuissante. Mais qu'arrive-t-il
alors? C'est qu'en croyant faire le
mal qu'il se propose, l'homme fait le
bien que Dieu avait tracé de toute
éternité. C'est que, semblable à Ba-
laam, il bénit lorsqu'il veut maudire,
et nuit lorsqu'il veut servir. Que peuvent, par exemple, la malice, la colère, la fureur de Saül, contre l'oint
du Seigneur, David ? Tous les traits
qu'il lui lance, tous les pièges qu'il

lui tend, ne montrent-ils point le
néant de sa puissance, l'inutilité de
ses efforts? N'est-ce pas en cherchant
à ternir sa gloire qu'il compromet la
sienne, en cherchant à le priver de
la vie qu'il la perd bientôt lui-même,
ainsi que sa couronne.

Qu'a retiré l'envie d'avoir réduit
Bélisaire à demander l'aumône: n'est-
ce pas en cherchant à anéantir ses
lauriers qu'elle les a rendus immor-
tels ?

Qu'ont pu pendant long-temps tous
les poignards des jacobins, toutes les
intrigues de l'émigration, tous les
complots des mécontens, contre l'é-
lévation de l'homme que la Providence avait placé à la garde de la
régénération politique de la France ?

Qu'ont pu contre celui qu'un peu plus tard un souffle a renversé, et la jalousie du Directoire, et les torches incendiaires de l'Angleterre, et la fameuse machine de mort qui passe à la postérité sous le nom de *machine infernale*? Tout n'a-t-il pas concouru à élever et raffermir l'édifice politique que la Providence voulait substituer à cette puissance féodale, que repoussaient nos mœurs actuelles, et qui n'était plus digne du peuple français?

Quoique l'homme soit libre dans ses actions, quoique sa volonté semble s'exécuter, rien ne s'oppose donc à la marche de la nature et aux desseins de la Divinité.

Conséquences de la troisième Loi.

Une des conséquences les plus im-
médiates de cette loi , c'est que ce serait vainement qu'on chercherait par
la sévérité des peines à prévenir des
changemens de gouvernement , des
révolutions complètes , qui entrent
quelquefois dans les desseins de la
Providence , dans la marche naturelle d'une civilisation croissante ,
d'une perfectibilité indéfinie ; c'est
que le moyen de prévenir ces révolutions , n'est pas d'étouffer les plaintes , même les plus exagérées , qui
peuvent se faire entendre dans le peu-

ple, mais de satisfaire à ce qu'il y a de juste dans ces plaintes, parce que tôt ou tard cette justice doit être rendue.

QUATRIÈME LOI.

L'homme aura pour juge sa conscience, et son injustice ne restera jamais impunie.

Telle est la loi que Dieu a imposée aux hommes en les appelant à vivre en société, et tout prouve que la sanction de cette prescription divine n'est jamais restée sans effet.

Les Troyens soutiennent injustement l'enlèvement d'Hélène, et après un siége de dix ans, leur ville est livrée à la flamme, et ses murs ne se relèvent plus.

Les Carthaginois se piquèrent peu
de bonne foi, et Carthage a entièrement disparu de la face du globe; on
n'en retrouve plus vestige.

Les Romains, au contraire, se
montrèrent d'abord les plus intrépides
défenseurs de la justice et de la bonne
foi, et partout leurs armes prévalu -
rent, leurs généraux triomphèrent.

Un autre exmple non moins remarquable de cette justice divine se
présente encore dans la lutte de l'Asie
contre la Grèce. Cette dernière n'avait
pour elle que la justice de sa cause,
mais c'en fut assez, et les armées les
plus nombreuses qui aient jamais
existé dans le monde, armées jusqu'alors victorieuses et triomphantes,
vinrent échouer contre une poignée

d'hommes qui combattaient pour leurs foyers et pour leur liberté.

A ces faits, si mémorables dans l'histoire, on pourrait, sans doute, en ajouter encore un très grand nombre d'autres, et les Romains eux-mêmes, que nous avons vu plus haut recueillir les fruits les plus glorieux de leur justice et de leur bonne foi dans les temps purs et vertueux de la république, subissent plus tard les châtimens rigoureux infligés aux cruautés et aux déportemens de leurs empereurs, lorsque les hordes du nord, excitées par la soif de la vengeance, se précipitent sur l'empire, et qu'un Attila annonce lui-même qu'il est chargé d'une mission de ruine et de dévastation. Mais pourquoi insister si

long-temps sur des exemples dont
l'histoire fourmille, et qu'on pourrait pour ainsi dire multiplier à volonté.

Si de l'histoire des peuples en
général, nous passons maintenant à la
vie des hommes en particulier, que
d'exemples encore viendront nous
révéler une justice supérieure indé-
pendante de leur volonté et des lois
qu'ils ont créées. Eh! comment, en
effet, sans recourir à cette justice
suprême, pourrait-on s'expliquer la
fin de Pompée, la mort de César,
celle de Charles IX, la chute de
Napoléon, et l'exil subi pour la troisième fois par cette dynastie française
qui n'a jamais pu se décider à aban-
donner les priviléges de quelques fa-

milles de l'état, pour rentrer dans la voie d'une administration légale et fondée sur la justice.

On trouve, il est vrai, quelques faits dans l'histoire, qui semblent s'isoler d'eux-mêmes, et qu'aucune justice divine ni humaine ne peut servir à expliquer. Comment, en effet, ranger parmi les actes d'une justice quelconque votre honorable mort, ô Socrate ! ô Caton! et la vôtre, immortel Cicéron, qui n'aviez à vous reprocher que votre amour pour la patrie et votre attachement aux lois, qui l'avaient élevée au plus haut degré de la puissance et de la gloire. Mais si ces événemens sont inexplicables par les règles ordinaires de la justice divine ou humaine, ils restent comme manumens de la perversité des hommes et servent de fondement à une justice subséquente, car il est dans l'ordre rigoureux des lois morales que le mal précède toujours le châtiment qui lui est infligé.

Conséquences de cette Loi.

Il suit de cette loi que la justice doit toujours présider aux actes des gouvernemens comme à ceux des particuliers, qu'elle doit surtout se montrer dans les lois, car une loi qui n'est pas juste est en quelque sorte une prévarication permanente de la part du gouvernement qui s'en est rendu l'auteur et de tous ceux qui l'exécutent après lui.

Les lois établissant des monopoles en faveur de l'état ne sont pas des lois justes ; car le monopole ne pouvant porter préjudice qu'à un genre d'industrie, tout le poids de cet impôt retombe seulement sur quelques têtes, ce qui est évidemment contraire aux règles de l'équité.

Ces sortes de lois devraient être rejetées, alors mêmes qu'elles ne porteraient atteinte à aucun droit acquis, car la privation d'une industrie quelconque, blessant, plus spécialement que d'autres, un certain nombre de citoyens, qu'il serait plus ou moins facile de désigner, cela doit suffire pour que la loi qui la consacre soit réputée une loi injuste,

Mais ce n'est pas tout que d'être injustes, ces lois sont encore préjudiciables à la société ; car jamais un gouvernement ne peut retirer d'une industrie ce que les citoyens en retireraient eux-mêmes. Et remarquons ici que le nôtre nous fournit l'exemple d'une inconséquence bien frappante à ce sujet ; car, tandis que d'un côté il s'est emparé entr'autres fabrications de celle des tabacs, par exemple, objet incontestable d'industrie, il a abandonné de l'autre à des concessionnaires, qui n'y avaient nul droit, la possession des mines et carrières de toute nature, qui ne semblaient pas même susceptible de propriété privée,

La confiscation des biens, déja ban-
nie de nos lois pénales, est bien plus
injuste encore; car, hors le cas de pé-
culat, outre qu'elle n'est pas en rapport avec le délit, elle fait retomber
sur les enfans les fautes de leurs pères.

Les délits politiques ne sauraient
justifier non plus la confiscation des
biens, *à moins que* ces délits *ne tou-
chent* par leur gravité à la sûreté
publique; car le salut du peuple est
la suprême loi. Mais alors, ce n'est
plus par droit de justice, mais par
droit de conquête, que l'état s'empare
des biens d'un particulier assez puis-
sant pour lui inspirer des craintes sur
sa tranquillité.

En général, toutes les peines infli-
gées par notre code pénal sont exor-

bitantes, *au moins par les résultats qu'elles produisent sur l'opinion publique.* En effet, suivant cette opinion, il n'y aurait point de peines temporaires, tontes celles prononcées par notre code, sauf quelques délits de coups et blessures, laissant après elles une flétrissure ineffaçable. Une telle sévérité est, non-seulement injuste, puisqu'elle étend la peine au-delà du terme fixé par la loi, mais elle est déplorable ; car elle est la principale cause de la récidive, c'est-à-dire de la plupart des crimes et des désordres qui affligent la société.

Frappé de ce cercle vicieux, d'après lequel la peine infligée à un premier crime en amène presqu'infailliblement de nouveaux, j'adressai en 1838, quelques réflexions , à ce sujet, au garde-des-sceaux, ministre de la justice ; et depuis cette époque l'Académie des Sciences , section de législation , a proposé pour 1841 la question de savoir : « Quels seraient les » meilleurs moyens de mettre en har- » monie le système de nos lois pénales » avec un système pénitentiaire à » instituer , dans le but de donner de » plus efficaces garanties au main- » tien de la paix et de la sûreté gé- » nérale et privée , en procurant » l'amélioration des condamnés. »

Les moyens que j'indiquais au garde-des-sceaux pour adoucir les rigueurs désastreuses de l'opinion publique et en prévenir les effets , était d'abord la suppression totale de la surveillance de la haute police de l'état ; et, en second lieu , une réha-bilitation solennelle en faveur des condamnés à temps qui pourraient rapporter des bagnes ou des maisons centrales où ils auraient subi leurs peines, des certificats de repentir et de bonne conduite, et la colonisation de ceux qui ne pourraient obtenir de semblables attestations (5).

Quant à la peine capitale, elle peut être aussi quelquefois exorbitante , mais elle est la sauve-garde de la so-ciété. Une détention perpétuelle serait souvent insuffisante pour contenir le sentiment de la vengeance et même quelquefois celui de la cupidité.

Il existe dans la société une classe d'hommes tellement privée des faveurs de la fortune et des bienfaits dont jouissent les esprits cultivés, que la vie est le seul lien par lequel les individus qui la composent tiennent encore à la société. Nulle autre peine que celle de la privation de l'existence ne pourrait les arrêter. La honte de l'accusation ? ils ne la connaissent point. La perte de la liberté ? ils conservent toujours l'espoir de l'évasion. Les travaux auxquels ils peuvent être condamnés? il n'en est point de plus pénibles que ceux auxquels ils étaient naturellement destinés.

Dans un projet de loi que j'adressai en 1838 au garde-des-sceaux, et en 1839 à la chambre des députés, j'ai signalé les vices de notre législation ou de notre jurisprudence quant au

2

duel, et démontré la différence qui devrait être établie, quant à la peine, entre l'offenseur et l'offensé (6).

En introduisant quelques règles dans cet acte de barbarie, mon but, aurait été, comme je le disais au garde-des-sceaux, non-seulement d'assurer au citoyen toute la protection que la loi pouvait lui accorder dans cette extrémité, mais encore de préparer, avec le temps, la chute et l'oubli de ce funeste préjugé.

Pour être justes, il n'est pas nécessaire que les lois politiques donnent aux suffrages des citoyens une valeur égale. Elles devraient au contraire, autant que possible, proportionner l'importance du suffrage à la capacité de celui qui l'émet.

Ce problême politique a été souvent l'objet des méditations des législateurs tant anciens que nouveaux. Servius Tullius, ne pouvant le résoudre à Rome d'une manière ostensible, eut recours à un subterfuge dont les effets furent admirables. Il divisa le peuple romain en six classes, contenant chacune un certain nombre de centuries. Les voix de chaque classe étaient égales en puissance, mais comme les centuries des principaux citoyens qui formaient les premières classes étaient moins nombreuses que les autres, il arriva que ce fut l'intelligence et non le nombre des votans qui décida de la valeur de leurs suffrages.

Au reste rarement le peuple se plaint-il de ce que son suffrage n'est

compté que pour sa valeur, ce dont
il se plaint seulement, c'est de n'être
jamais appelé à concourir, suivant sa
capacité, à la formation des lois auxquelles il est ensuite obligé d'obéir.

CINQUIÈME LOI.

Après la justice nécessaire au repos de sa conscience, c'est dans son inno-cence et dans sa chasteté que l'homme trouvera la véritable félicité.

Quelle différence entre les jours qui embellissent l'enfance de l'homme et ceux qui leur succèdent, lorsque les passions agitent son esprit et troublent sa tranquillité; quelle jouissance, quelles voluptés pourraient être com-parées à ces joies si pures et si fran-ches qui font le charme de ses pre-mières années et dont le souvenir

vient adoucir quelquefois les amertu·
mes d'un âge plus avancé. Ne dirait·
on pas que le bonheur s'est éloigné
de lui à mesure qu'il s'est éloigné des
temps de sa pureté et de son innocence.
Telle est, en effet, la loi de la nature,
l'homme ne peut-être heureux sans
la chasteté; et cette loi est si générale
et si absolue, que ses effets se font
remarquer, tant dans la vie des peuples et l'histoire des cités, que dans la
courte existence de chaque homme
en particulier.

Si nous remontons aux premiers
âges de la vie humaine, l'Ecriture
sainte nous apprend d'abord que le
malheur du premier homme vint de
ce qu'il avait péché ; et que ses descendans s'étant abandonnés ensuite à

toute la corruption du vice et de la perversité, le Seigneur fut irrité et qu'ils disparurent de sur la terre, où ils furent entièrement submergés.

A cette première scène de la vie des hommes, il en succède une seconde, durant laquelle l'homme s'étant montré plus docile aux lois que Dieu lui avait imposées, il semble avoir joui de toute sa félicité. Serait-il possible, en effet, d'imaginer pour l'homme une plus haute destinée que celle de cette vie patriarchale dans laquelle, possesseur du monde entier, il ne pouvait éprouver d'autre désir que celui de trouver des semblables avec lesquels il pût le partager, d'existence plus douce que celle de cette vie paisible où, marchant dans la voie que Dieu même venait de lui tracer, il s'avançait vers son terme, c'est-à-dire vers la jouissance d'un bonheur parfait.

Pour lui, la fin du jour n'apportait jamais avec elle la tristesse d'un regret, la crainte d'une malveillance, l'amertume d'un repentir ; et souvent elle s'embellissait de la joie d'un bienfait : au bonheur d'une paisible solitude, se joignait de tems, en tems, le charme de l'hospitalité, et aux douces sympathies de la famille, les agrémens du voisinage et de la parenté.

Dans ces premiers tems de la régénération des hommes, et tant qu'ils ont observé les lois de la chasteté, ils ont donc joui de toute la félicité dont leur nature est susceptible , et cela devait être ainsi ; car rien alors ne venait altérer la possession des biens dont leur auteur les avait comblés.

On sait comment par la suite, ces hommes nouveaux s'étant encore plongés dans le vice , les fléaux du ciel fondirent sur l'humanité; et les exemples de Babylone, de Sodome et de Gomorrhe, de la captivité des Juifs et de la destruction du temple de Jérusalem , restent profondément gravés dans la mémoire des humains.

Mais ce n'est pas seulement parmi les peuples dont parle l'Ecriture sainte qu'on remarque les empreintes du vice et les influences salutaires de la chasteté; les mêmes résultats se sont manifestés dans tous les temps, chez tous les peuples et dans toutes les cités.

Les Romains furent heureux tant qu'ils vécurent sous les lois austères de la république et que le vice ne put approcher de leurs foyers. Mais à la dissolution des mœurs succédèrent bientôt les proscriptions alternatives, les guerres civiles et les cruautés des empereurs.

Les Grecs avaient éprouvé avant eux, les mêmes vicissitudes, et ce qu'il y a de remarquable parmi ces derniers, c'est que les Spartiates, qui se préservèrent un peu plus long-tems du vice, furent aussi les derniers à en ressentir les effets.

Si nous continuons à parcourir l'histoire , partout les mêmes causes amèneront les mêmes résultats. Quels sont, en effet, les peuples anciens qui paraissent avoir joui de quelque félicité ? Ce furent d'abord ces célèbres Germains dont le plus grand peintre des mœurs de l'antiquité nous a laissé l'admirable portrait.

« Là, dit Tacite, on ne rit point » du vice et on n'a pas recours aux » mœurs de son siècle pour s'en excu- » ser : la femme vertueuse y est » l'objet d'une espèce de culte; mais » rien ne peut faire oublier la chas- » teté violée. En perdant son inno- » cence , la vierge perd à jamais l'es- » poir de voir brûler pour elle le » flambeau de l'hyménée , et ni la

» richesse, ni l'âge, ni la beauté,
» ne sauraient changer sa destinée. La
» femme, ajoute-t-il, ne forme ja-
» mais qu'une fois le vœu de s'unir
» à un mari ; elle n'a jamais de pen-
» sée, ni de désirs qui lui soient
» étrangers ; enfin ce n'est pas à
» l'homme, mais uniquement au
» mari qu'elle se sent unie. »

Voilà ce que Tacite, ce profond
philosophe, avait recueilli chez un
peuple où, dit-il, les bonnes mœurs
avaient plus de force qu'ailleurs les
bonnes lois.

Devons-nous nous étonner dès-
lors de sa félicité ?

Mais à cet exemple on pourrait
encore en ajouter bien d'autres ; celui des anciens Perses, chez lesquels

dit-on, l'étude de la vertu passait avant celle de la science ; celui des Helvétiens, qui conservent encore des restes si précieux de leurs anciennes mœurs et de leur félicité. Enfin, nous pouvons comparer nousmêmes dans notre patrie, la vie paisible des campagnes, où les mœurs n'ont pas été encore si profondément altérées, avec celle des villes, où des populations agglomérées, deviennent journellement la proie du vice, de la misère, de l'inhumanité ; nul doute en effet, que ces derniers fléaux ne soient le châtiment inévitable de la corruption des grandes villes, et de leur profonde immoralité.

Ce qui est si manifeste pour les peuples en général ne l'est pas moins

3

pour chaque homme en particulier. Si le vice, en effet, a pour lui des attraits, n'est-il pas plus certain encore qu'il est toujours suivi de repentirs ou de regrets. Peu de personnes, parmi nous, pourraient se flatter, sans doute, de ne l'avoir jamais éprouvé ; et combien, au contraire, pourrait-on en trouver qui, tous les jours encore, versent des larmes amères pour un instant d'oubli, de faiblesse ou de légèreté.

Ici tout est visible, et la peine infligée au vice touche la faute de si près, qu'il n'est possible à personne de pouvoir en douter.

L'homme ne peut donc être véritablement heureux sans la chasteté.

Conséquences de cette loi.

———

Une des conséquences de cette loi providentielle, c'est que les législations humaines doivent principalement tendre à la conservation des mœurs ; et les plus efficaces à cet égard, ne sont pas celles qui prononcent des peines contre les déréglemens du vice, mais celles qui procurent aux citoyens des moyens honnêtes d'existence. Il n'est personne, qui, ayant à choisir entre une vie honnête et une autre qui ne le serait pas, ne donnât la préférence à la première, alors même que la seconde présenterait quelque apparence de supériorité. C'est donc à l'imprévoyance des gouvernemens, à leurs préoccupations politiques ou à leurs faux systèmes d'économie publique, que l'on doit imputer la majeure partie des ravages du vice et des autres désordres qui en sont le résultat.

Que voit-on, en effet, qui indique la sollicitude de l'autorité civile pour la destinée d'un sexe, que sa faiblesse et sa légèreté exposent si fréquemment au danger de l'immoralité? Existe-t-il quelque asile dans la société ou l'innocence trouve toujours un emploi utile de ses moyens honnêtes d'industrie? Quelque lieu de refuge où l'intention de mener une vie pure soit un titre suffisant pour y être agréé?

On fait dresser avec une très grande

exactitude des tables de vie, et la conservation de ce qu'on appelle les actes de l'état civil, semble être l'objet
d'un soin particulier : mais, ces tables
dressées , s'informe-t-on ensuite de
l'état réel des individus , de leurs infirmités , de leurs moyens de subsistance ? Pas le moins du monde : ces
tables ne servent qu'à distinguer les
familles les unes des autres , à régler
entr'elles les droits de succession , à
prévenir autrefois l'usurpation des
titres dont quelques unes d'entr'elles
se croyaient en droit de se glorifier à
l'exclusion des autres (*). Mais après

(*) Tous les titres, sans doute, ne s'acqué-
rait pas de cette manière , mais combien n'y
en avait-il pas qui n'avait pas de meilleure
origine, et que la dérision seule avait même
quelquefois imposés.

cela l'autorité publique ne semble si
soigneuse de conserver les noms des
citoyens, qui composent la société,
que dans des vues entièrement fisca-
les, et par conséquent contraires à
leurs véritables intérêts.

Au lieu de tendre à des vues bienveillantes, les tables dont s'agit ne
semblent donc dressées qu'en haine
des particuliers. Cependant quels
avantages ne pourrait-on pas retirer
des états de population qu'elles con-
tiennent, de la connaissance des différentes industries dont elles font
mention, ne fût-ce que pour la direc-
tion qu'il serait quelquefois si facile
de donner à ces industries.

Blessée de cet abandon de la part
des autorités civiles, la religion chré-

tienne avait tâché depuis long-tems
d'y suppléer par des communautés, où
l'on ne contestera pas , sans doute,
que l'innocence ne trouvât un refuge , l'orphelin des secours et le pé-
cheur un lieu de repentir. Mais depuis que , par des motifs politiques,
dont nous ne pouvons nous occuper
ici, ces communautés ont été détruites
par l'autorité publique , qu'a-t-elle
fait pour combler le grand vide que
leur absence a laissé dans la société?

Une carrière militaire largement
ouverte par la nécessité d'une légitime défense contre l'Europe entière
armée contre nous, et puissamment
agrandie par le génie et l'ambition de
l'homme qui pendant 15 années a tout
soumis à son épée, ce vide n'avait pu

encore qu'être faiblement remarqué ;
mais depuis que les armées manquent
à la jeunesse, et que des conquêtes
lointaines ne permettent plus de transporter hors des frontières, cette acti-
vité turbulente qui pendant si longtemps a fait la gloire de l'état, une
sombre mélancolie s'est répandue
dans les esprits ; et tourmentées par
une soif ardente de fortune et de
gloire, les nouvelles générations me-
nacent de s'organiser, pour marcher à
la conquête de la France, comme les
armées de l'empire se rangeaient
sous leur chef, pour marcher à la
conquête de l'Europe (7).

Une telle situation devrait, ce nous
semble, exciter à un plus haut degré
la sollicitude de nos hommes d'état ;

car il serait temps enfin, tant dans l'intérêt des mœurs, que dans celui du repos du pays, d'aviser à quelque moyen, de procurer à des populations nouvelles, de nouveaux moyens d'existence.

SIXIÈME LOI.

L'homme ne parviendra à connaî-
tre la divinité, qu'à mesure qu'il se
rendra digne de la contempler.

L'homme pur, l'homme sans tache,
l'homme sortant des mains du Créateur, jouissait-il d'une lumière différente de celle qui éclaire aujourd'hui
notre esprit ? Pouvait-il embrasser
dans sa conception primitive, l'idée
du Tout-Puissant et celle des merveilles de la nature, dont la plus petite
dépasse maintenant toutes les facultés
de l'intelligence humaine ?...

Quoi qu'il en soit, toujours est-il certain que les ténèbres les plus obscures ont régné dans le monde, et que ce n'est que par les plus constans efforts, que l'homme est parvenu à sortir de la nuit profonde, dans laquelle il semblait enseveli.

Nul doute encore que les premières idées de l'homme, qui se sont élevées au-dessus de ses besoins, ne se soient portées vers la Divinité : la beauté du spectacle qui s'offrait à sa vue, le sentiment de la reconnaissance, dont il est impossible qu'il ne fût plus ou moins touché, le renouvellement périodique enfin des fleurs et des fruits et de toutes les autres richesses de la nature, tout devait réveiller en lui l'idée d'un être supé-

rieur et tout-puissant, auquel il devait,
après son existence, tous les biens
dont il jouissait. Mais quelle a pu
être, dans ces premiers tems de la vie
intellectuelle, l'idée que l'homme a
pu se former d'un être dont la grandeur n'a point de bornes et dont la
puissance et la durée sont infinies?
Ah! sans doute elle dut être bien
imparfaite, et un objet sensible a pu
seul d'abord répondre à cette idée;
de là cette quantité si considérable
de cultes bizarres, et de divinités
monstrueuses, dont l'adoration desho-
norait le monde, mais dont les con-
trastes, quels qu'ils puissent être,
ne sauraient démontrer l'erreur des
hommes dans la conception de la
Divinité. Leur erreur, alors comme

aujourd'hui, ne pouvait tomber que
sur la forme ou le symbole sous lesquels elle devait être représentée, et
cette erreur, graduée suivant les
temps, donne justement là mesure de
la distance qui existait à chaque
époque, entre l'esprit de l'homme et
l'être infini qui l'a créé.

Ainsi nos ancêtres, qui, d'abord,
adorèrent leur *Esus* sous la forme
d'un chêne, puis Jupiter tenant une
lance d'une main et la foudre de l'autre, ont fini par reconnaître le vrai
Dieu et adorer la Trinité.

Ainsi les Ibériens, dont le premier culte a été le fétichisme, qui
participèrent ensuite à celui du soleil, sous le nom de *Baal*, et celui de
la lune, sous le nom d'*Astarté*, s'éle-

vèrent, plus tard, au culte des divinités, qui leur furent révélées par les
Grecs et les Phéniciens, et sont enfin
parvenus comme nous, à la connaissance de l'être incréé.

La même gradation se fait remarquer partout, et chez les peuples qui
habitent l'Egypte, où l'on a commencé par adorer les animaux les
plus immondes et où l'on a fini par
le culte d'un seul Dieu, dont Mahomet est le prophète et chez les peuples de la Grèce, qui, après avoir
rempli le monde des divinités les plus
poétiques, comme les plus fabuleuses,
n'adressent plus leurs vœux qu'au
Dieu de charité, chez tous les peuples enfin qui professent aujourd'hui
la religion de Jésus-Christ, ou qui

obéissent à la loi de Mahomet, mais
c'est surtout chez les Romains, qu'à
mesuré qu'on s'approche du siècle
d'Auguste, c'est-à-dire d'un des plus
grands foyers qui brillent dans l'antiquité, on voit s'affaiblir insensible-
ment l'ancien respect qu'ils avaient
pour les augures, c'est-à-dire pour
les poulets sacrés et pour les oies du
Capitole.

L'histoire de la Grèce nous offre
aussi un exemple bien remarquable à
ce sujet; nous voulons parler de la
mort de Socrate, et des rapports humains de ce sage de l'antiquité, avec
Notre Seigneur Jésus-Christ : c'est
vainement, en effet, que le premier
annonce à la terre, la fausseté des
Dieux devant lesquels elle s'est hu-

miliée, et l'existence d'une seule divinité ; cette lumière ne peut encore entrer dans les esprits, et Socrate perd, sans aucun fruit, une vie qu'il avait consacrée toute entière à l'étude de la philosophie.

Au reste, cette unité divine, qui nous paraît si frappante aujourd'hui qu'il nous semble impossible de pouvoir supposer l'existence simultanée de plusieurs divinités, ne se présentait pas ainsi aux peuples qui ont précédé la Venue de Jésus-Christ ; accoutumés, depuis l'origine des sociétés humaines, à placer leurs vertus, et même quelquefois leurs vices, sous la protection spéciale de certaines divinités, ayant chacune un temple et un culte particulier, on conçoit

facilement que ce ne dut pas être sans
peine, et surtout sans regrets, qu'ils
virent se confondre dans une seule
divinité, la gloire et la puissance
qu'ils avaient répandues sur leurs
nombreuses déités.

Cependant le temps arriva où par
les vertus qui avaient germé dans
son cœur, et la lumière qui éclairait
son esprit, l'homme se trouva digne
de connaître l'être infini, qui avait
créé le monde, et lui avait donné la
vie, et le fils de Dieu lui-même des-
cendit sur la terre, pour révéler aux
hommes, l'existence de celui qui *est*,
et l'unité complèxe de la Divinité.

Tel est maintenant le rapport de
l'homme à Dieu. L'homme admet
son existence, il la reconnaît, mais

il est effrayé par l'idée de l'infini et celle de l'éternité.

Accablés, comme les autres, du poids de ces deux idées, nous avons fait quelques efforts pour tâcher de l'all 'ger, et voici le résumé de nos idées ; ce sujet.

L'éternité et l'infini sont deux nécessités ; car c'est parce que rien ne peut arrêter le temps, qu'il faut nécessairement admettre l'éternité, et parce que rien ne saurait borner l'espace, qu'il faut également admettre l'infini.

Il ne saurait y avoir de *nec plus ultra* dans la nature, voilà l'infini ; ni d'aiguille qui s'arrête dans l'horloge du temps, voilà l'éternité.

L'homme dit qu'il ne peut comprendre l'éternité ni l'infini, c'est une erreur de sa part ; ce qu'il ne peut comprendre, au contraire, ce qu'il ne comprendra jamais, c'est une enceinte pour l'espace, un point d'arrêt dans la durée.

L'homme comprend donc l'éternité et l'infini. L'existence de l'âme lui donne aussi l'idée de l'existence de celui qui *est;* il comprend donc la Divinité.

———

Conséquences de la sixième Loi.

Il suit de là que la science et la vertu tendent également à rapprocher l'homme de son Créateur, et que par conséquent les lois humaines doivent favoriser l'une et l'autre, non seulement dans un but politique , mais même dans un but religieux.

Rien ne marche mieux ensemble que la science et la religion , et sauf quelques exceptions fort rares , et que jusqu'à un certain point l'on pourrait même contester , les hommes les plus instruits ont toujours été les plus religieux. Nous ne voulons pas dire par là ceux qui se sont le plus astreints aux pratiques des cultes , aux règles minutieuses d'une religion mal entendue , mais ceux qui se sont le plus nourris , le plus fortifiés des sentimens que doit inspirer une véritable piété. Hommes probes , hommes sans feinte et sans duplicité , ils ont négligé les apparences pour s'en tenir à la réalité. Une telle conduite ne

leur a pas, sans doute attiré, des éloges, mais a-t-elle été moins agréable
à la Divinité ?

Quant aux pratiques religieuses,
il en est une qui depuis long-temps
présente aux vrais amis du culte une
réforme à désirer, et l'on comprend
déja, sans doute, que c'est de la con-
fession que nous voulons parler. Comment, en effet, en maintenant une
institution pieuse, sur laquelle repose une partie de notre foi, n'adop-
terait-on point quelque sage mesure
qui ne permît jamais de soupçonner
notre fragilité.

Il n'appartient, sans doute, qu'au
souverain pontife, ou à l'Église as-
semblée, d'apporter dans le culte les
changemens dont la nécessité pour-

rait lui être démontrée; mais les nombreux exemples qu'une trop présomptueuse confiance nous a forcés à déplorer, ne l'ont-elle pas encore suffisamment avertie du danger ?

L'union des vertus civiles et des vertus religieuses n'est ni moins intime, ni moins facile à démontrer. Comment supposer, en effet, qu'un honnête homme ne rend pas à la Divinité les hommages qui lui sont dus, ou qu'un homme vraiment religieux manque de probité. L'un n'est pas plus admissible que l'autre, et les deux qualités dont nous parlons sont tellement liées ensemble qu'il serait impossible de les séparer.

Quant au but politique qu'on atteindra par ce moyen, il est facile à reconnaître ; car il est impossible que

les vertus et les lumières ne forment
le bon citoyen.

Il nous reste maintenant à dire un
mot des sciences.

Rien n'égale les merveilles qu'elles
ont produit de nos jours, et cependant, il faut le dire, elles laissent
encore infiniment à désirer.

Si on les considère chacune en
particulier, rien de plus admirable ;
chacune a ses principes, chacune a
son but, et on est étonné de la rapidité avec laquelle elles se sont déve-
loppées ; mais si l'on se demande
quel est le but de la science en général, quel est le terme auquel elle
se propose d'arriver? on reste sans ré-
ponse, et on est obligé de reconnaître
que tous les efforts de l'homme ins-

truit, des académies les plus renom-
mées, n'ont pas de but certain, d'objet déterminé.

Jusqu'au milieu du dernier siècle,
et pendant tout le temps que l'esprit
de système a dominé, le but de la
science était toujours présent, et
avant d'avoir constaté les faits, dans
des cosmogonies, plus ou moins ingé-
nieuses, mais qui se détruisaient
l'une l'autre, chacun prétendait expliquer la formation du globe, l'organisation des êtres insensibles et
celle des corps animés; et aujourd'hui
qu'un certain nombre de faits sont
connus, et que la véritable science a
fait quelques progrès, son but a disparu dans les recherches, et semble
presque totalement oublié; il est

même plus encore, et telle est maintenant notre timidité, que l'homme le plus avancé dans les sciences oserait à peine l'avouer.

Cette circonspection peut avoir son mérite, mais elle a aussi ses inconvéniens et ses dangers.

L'homme est issu de la Divinité; sa parenté est dans les cieux; s'il ne lui a pas été donné de voir de ses yeux son Père et son Dieu, il ne saurait le nier; il se manifeste à sa pensée : que dis-je! l'homme, par sa nature, s'identifie en quelque sorte avec la Divinité; c'est elle qui produit la lumière qui éclaire son esprit, qui fait éclore sa pensée; c'est elle qui appelle sans cesse son regard vers le ciel; c'est elle, enfin, qui soutient

tout son être et anime ses facultés.
Mais si la lumière qui éclaire notre
esprit, émane directement de la Divinité , quel ne doit pas être pour
l'homme l'espoir résultant de sa perfectibilité ? Est-il quelque mystère
qui puisse lui rester éternellement
caché ? Celui de la création même
sera-t-il toujours au-dessus de son
intelligence et de ses facultés (8) ?

SEPTIÈME LOI.

—

Tous les pouvoirs viennent d'en haut, mais la voix du peuple est la seule preuve d'une mission divine pour le pouvoir suprême.

Cette vérité, si sensible dans les premiers tems des sociétés humaines, s'est tellement effacée aujourd'hui de la mémoire des hommes, que, suivant quelques opinions, il y aurait un abîme entre ce qu'on appelle le pouvoir de droit divin, c'est-à-dire celui qui prend sa source dans la volonté du Très-Haut, et celui qui

émane de la souveraineté du peuple,
c'est-à-dire de son libre choix. Cependant comment la volonté divine
pourrait-elle se manifester aux hommes autrement que par la parole du
Tout-Puissant lui-même ou celle des
peuples qui doivent l'exécuter ; l'une
de ces voix ne se confond-elle pas avec
l'autre, et n'est-ce pas pour rendre
hommage à cette vérité que les nations ont répété de siècle en siècle ces
paroles si célèbres, *vox populi, vox
Dei.*

La voix du peuple est donc la voix
de Dieu, et lorsque cette voix appelle
une famille à gouverner les autres,
elle ne fait que manifester un choix
que le Tout-Puissant avait déja fait.

Dieu dit à Abraham : « Je te don-

nerai une postérité des plus nombreuses, et tes descendans se multiplieront
sur la terre comme les sables de la
mer. » Il dit à Moyse : « Rassemblez le
peuple juif et conduisez-le dans la terre
promise. » Voilà l'élection divine ma.
nifestée par la parole même du Seigneur.

Lorsque les Juifs passèrent ensuite
au gouvernement des juges, c'était
un prophète, c'est-à-dire l'envoyé
de Dieu, qui apprenait au peuple
quel était celui que Dieu avait choisi
pour le commander, et enfin lorsque
les prophètes cessèrent de paraître
parmi les nations, ce fut le peuple
lui-même, qui, sous la protection
divine, appela le souverain auquel il
consentait à obéir (9).

Si nous passons maintenant à d'autres pages de l'histoire, nous voyons qu'après le gouvernement monarchique, qui chez les Romains dut aussi son origine à une sorte d'élection, ce fut le peuple qui désigna ses consuls, et que ses choix furent toujours placés sous la protection particulière des divinités tutélaires de cette nation ; que les archontes, chez les Athéniens, ne durent leur puissance qu'à l'élection de leurs concitoyens, et que pour commander chez les Germains, les Francs et les anciens Gaulois, il fallait avoir été choisi par le peuple ou élevé sur le pavois.

Les cérémonies religieuses, qui chez la plupart des peuples anciens, précédaient l'élection des magistrats,

l'invocation des lumières du Saint-
Esprit, qui, chez les chrétiens, précèdent encore non seulement l'élection du souverain pontife, mais toutes
celles où le peuple confère quelque
autorité majeure dans l'état, renferment aussi un aveu bien manifeste,
qu'en exerçant sa souveraineté, le
peuple n'entend qu'exécuter la volonté du Tout-Puissant et se rendre
l'interprète de ses célestes volontés.

Eh ! que pourrait d'ailleurs la
volonté du peuple contre la volonté
divine; celle-ci pourrait elle jamais
se trouver impuissante contre celle
des faibles humains?

Il ne peut donc se présenter ici
qu'une seule difficulté, celle de savoir
quels sont les signes auxquels la voix

du peuple doit être reconnue, et par
quels moyens on peut éviter de la
confondre avec celle d'une faction
qui se croirait le peuple, ou qui,
ayant la prétention de le soumettre à
ses désirs, voudrait lui imposer ses
lois. Or, à cet égard, point de règle
possible à établir, et c'est toujours
d'après les circonstances qu'il faut se
décider.

Qu'après avoir épuisé, en France,
toutes les ressources d'une nation
généreuse, et passionnée pour la gloire
et les hauts faits, l'homme de génie,
qui avait si souvent tracé la marche à
la Victoire, conservât son empire sur
l'esprit de l'armée, et qu'il lui fût
impossible d'épuiser son courage et
son dévouement pour lui; cela se

conçoit, et nous en avons été les témoins oculaires ; mais qu'après le
sang et l'or, dont la France avait fait
le sacrifice, livrée aux mains des
étrangers, elle conservât encore,
comme Napoléon, le désir de continuer la lutte avec l'Europe, et de soutenir son trône ébranlé ; cela ne pouvait être, et il est impossible de se
dissimuler que sa chute était arrêtée
dans tous les conseils de l'état, avant
que son abdication fût signée à Fon-
tainebleau.

La voix qui, en 1814, et surtout
en 1815, demandait la paix en France,
et le repos des citoyens sous son ancienne dynastie, était donc la voix
du peuple et cette voix fut écoutée.

D'un autre côté, qu'après avoir

dédaigné tous les avis qui lui avaient été donnés, renversé les lois de l'état par des actes émanés de sa seule volonté ; qu'après avoir armé les citoyens les uns contre les autres, et succombé dans la lutte qu'il avait engagée contre le peuple, Charles X eût perdu tous ses droits au trône de France ; c'est encore un fait qu'on ne saurait guère révoquer en doute, et qui résulterait d'ailleurs non-seulement de son propre aveu, mais encore du silence du peuple depuis le moment où ce roi déchu partit de Rambouillet, sous une faible escorte, jusqu'à celui où il s'embarqua à Cherbourg pour un exil indéfini.

C'est donc encore la voix du peuple qui, en 1830, a déclaré le trône vacant en France et appelé la branche cadette des Bourbons à remplacer la branche aînée.

Quant aux autres tentatives de révolution, qui ont éclaté dans ce pays depuis l'Empire, il n'est pas moins évident qu'elles n'ont été suscitées que par des vues particulières, et que la nation n'y a pris aucun intérêt.

Conséquences de cette Loi.

Il suit de là que toutes les souverainetés sont de droit divin, mais qu'il n'y a de légitimes et durables que celles qui proviennent du consentement formel du peuple ou de son consentement facile ; et qu'entre ces deux légitimités, celle provenant du consentement formel du peuple, doit prévaloir sur l'autre ; car il est de la nature de la présomption de céder à la preuve contraire.

Quant aux pouvoirs usurpés, ils ne peuvent être de longue durée ; car on ne gouverne pas long-temps un peuple malgré lui mais il arrive quelquefois que la nation les ratifie ensuite, ou par un consentement formel librement exprimé ou par un long silence qui équivaut à un consentement tacite.

———

HUITIÈME LOI.

Il n'est pas bon que l'homme soit seul, a dit le Tout-Puissant, et la femme a été créée, *mais il est le chef de la nature,* et c'est à lui à commander.

L'homme existait déjà. tout était soumis à son empire, peut-être même, selon quelques saints personnages, pouvait-il se suffire à lui-même pour se perpétuer, mais Dieu reconnaît encore que son ouvrage est imparfait, et une compagne lui est donnée.

Quelle grâce! quelle douceur! dans
ce nouvel être que Dieu a retiré de
l'homme, et qui, selon saint Augus-
tin, n'a été formé qu'à l'image de ce
dernier. Quelle ressemblance dans ces
deux chefs - d'œuvre, et cependant
quelle différence, quelle opposition
dans chaque trait. D'un côté la faiblesse et la timidité, de l'autre la force
et le courage; d'un côté la douceur
et l'empire de la beauté, de l'autre
la noblesse et la majesté.

Quel ne dut pas être le ravissement
du premier homme lorsque, sortant
de son sommeil, il vit un être qui lui
ressemblait, et avec lequel il pourrait
désormais confondre son existence et
partager sa félicité? Quelle joie ne
dut-il pas éprouver lorsqu'une voix,

autre que celle du Créateur de l'univers, vint pénétrer son âme et frapper ses sens étonnés? Quel bonheur
enfin ne dut pas être le sien, lorsque promenant ses regards sur ce
dernier chef-d'œuvre de l'auteur de
son être, il rencontra ces yeux dont
il était orné et dans lesquels brillaient
tout à la fois la vie et la pensée. Ah!
sans doute, il sentit alors que son
existence était complète, et que désormais son bonheur était parfait.

Nul doute, en effet, que ces deux
existences ne soient le complément
l'une de l'autre et que leur union
n'offre l'image d'un ensemble admirable, d'un être parfait.

Mais si l'on sépare ces deux moitiés
d'un même ouvrage, ces deux parties

d'un même tout, on trouve dans l'homme tout ce qui est nécessaire à l'exercice du commandement et à la sanction de l'autorité; et dans la femme tout ce qu'il lui fallait pour supporter l'obéissance sans en être humiliée. Si l'homme, en effet, commande par la force, la femme, à son tour, règne par les attraits. Partout où elle se montre nos hommages lui sont prodigués, et son empire a tant de charmes, qu'après avoir obtenu de nous tout ce qui était dû à la faiblesse de son sexe, elle nous trouve également soumis à ses caprices et à ses fantaisies.

Mais si la femme a reçu de son Créateur tant de moyens de plaire et de séduire, à quoi lui servirait le droit

de commander? Lorsqu'on peut commander a-t-on besoin de l'art de plaire, et quand on a l'art de plaire, à
quoi servirait d'avoir encore le droit
de commander? L'une de ces facultés
n'est évidemment que la compensation de l'autre, et il y a une erreur
sensible à vouloir les cumuler.

Sans rappeler ici la chute du premier homme et le jugement dont elle
fut suivie, on trouve donc dans les
charmes de la femme, ses grâces et
sa beauté, la preuve de sa destinée.

***

Conséquences de cette loi.

Il suit de là que la loi salique est la
plus sage, et que ce n'est jamais sans

quelque danger qu'on peut s'en écarter. Si, en effet, après Sémiramis, on
peut citer la reine Blanche en France,
Élisabeth en Angleterre, Christine
en Suède, Cathérine II en Russie et
Marguerite en Danemarck; on peut
aussi leur opposer Messaline à Rome,
Cléopâtre en Égypte, et en France
Frédégonde et Brunehaut.

Il y aura toujours une distance immense entre les qualités qui distin-
guent la femme, et celles qui sont nécessaires à un souverain pour commander. Car, en mettant un instant
de côté l'impossibilité où cette compagne de l'homme se trouverait, le plus
souvent, de supporter les fatigues de
la guerre et d'en affronter les dangers,
quels sont les actes de l'autorité pu-

blique qui ne contrastent point avec la délicatesse de ses organes, avec la douceur de ses pensées?

Blâmons donc ces nations qui, avant le christianisme, avaient réduit la femme en servitude, et ces peuples qui, encore aujourd'hui, spéculent sur sa faiblesse, ou la privent de sa liberté; mais, par un excès contraire, après avoir tout soumis à ses charmes, ne l'appelons pas encore à l'honneur de commander.

NEUVIÈME LOI.

—

Après avoir donné une compagne à l'homme, Dieu les unit l'un à l'autre par le lien le plus tendre, le plus doux qui soit dans la nature, le lien de l'amour, et tandis que ce sentiment n'est que passager parmi les autres créatures, Dieu voulut qu'il fût constant et habituel dans l'homme, comme son être privilégié.

C'est donc de Dieu même que l'homme a reçu ce feu générateur, qui perpétue son être, et qui porte tour-à-tour les délices dans son âme, et le trouble dans son cœur; cette flamme invisible qui l'éblouit, qui l'électrise, cet amour enfin, le don le plus céleste, le présent le plus dangereux qu'il ait reçu de son créateur.

Les temples élevés à Vénus chez les anciens peuples, et la fable de Prométhée prouvent assez que, dès l'origine du monde, c'est à une puissance céleste que les hommes ont fait hommage du feu principe de la vie; mais quel est, selon Dieu, l'usage légitime que l'homme a pu faire de ce feu venu d'en haut, de cette flamme inconnue dont il se sentait embrasé? A-t-il pu la prodiguer indifféremment à tous les objets qui se sont présentés à lui, ou a-t-il dù renfermer dans quelques limites les hommages de sa tendresse, l'inconstance de ses désirs?

Il faut en convenir, si l'on ne consultait que le texte pur des écritures saintes, personne, jusqu'à Jésus-Christ, n'aurait enseigné à l'homme que ce fût vers un seul objet qu'il devait concentrer tous les instincts de la nature, toutes les affections de son cœur; et il semblerait que, sauf le respect des unions déjà faites, il fût entièrement libre dans ses volontés. On ne trouve, en effet, dans la loi de Moïse, rien qui défende expressément à l'homme la pluralité des femmes (*), et si le dé-

(*) Non-seulement Moïse ne défend pas la poligamie, mais il semble l'autoriser. *Vid. deutéronome, ch.* 21, *v.* 11 *et* 12.

calogue défend de prendre celle de son voisin, il ne défend nulle part d'en avoir plusieurs à la fois.

Mais si l'on remonte à la pensée divine qui a présidé à la création de l'homme, à la formation de ce grand ouvrage qui a donné des maîtres à la terre, et des adorateurs au Tout-Puissant, l'idée de l'unité de l'homme et de la femme reparaît toute entière, et on ne peut admettre que Dieu ait accordé à l'homme une permission, dont l'usage d'ailleurs lui aurait été si funeste, et qui serait en outre si évidemment contraire à l'idée fondamentale de la création.

Au reste, si après avoir consulté les saintes écritures, nous nous

adressons à la philosophie, les liens
naturels qui unissent l'homme et la
femme, les charmes de cette union
et l'impossibilité où ils ont été placés
d'être heureux l'un sans l'autre, ne
permettront jamais, soit au philosophe, soit au chrétien, de les considérer autrement que comme un
seul être destiné à donner au monde
le spectacle de cette vie commune,
si douce, si attrayante, dans laquelle
la femme se reconnaissant toujours
l'inférieure de l'homme, ne connaît de
bonheur que dans celui qu'elle procure à son époux, et dans laquelle ce
dernier, cédant au même sentiment d'i-
dentité, ne désire des succès dans ses
entreprises, que pour la parer de ses
lauriers.

Mais ce n'est pas tout pour la
sainteté du mariage, qu'il ne blesse
en aucune manière le principe de
l'unité qui a présidé à son institution divine, il faut encore qu'il ne
puisse altérer en rien, les rapports
nécessaires entre les membres d'une
même famille, car alors il trouble-
rait l'ordre moral qui est la première loi de la nature, celle à
laquelle tout a été soumis dans l'institution des sociétés humaines.

———

Conséquences de cette loi.

Il suit de là que la poligamie, si
hautement condamnée par la morale, est encore repoussée par la loi

divine, car elle blesse essentiellement le principe de l'unité de l'homme
et de la femme, pensée dominante
de la création.

Si dans les premiers temps de la
vie de l'homme, les nécessités attachées à la propagation de l'espèce
humaine, rendent moins condamnable
la funeste condescendance de ses
premiers législateurs; si, en un mot,
comme l'a fait Jésus-Christ, on peut
excuser, par la différence des âges, la
tolérance de Moïse pour la poligamie,
rien n'a pu, dans aucun temps, légi-
timer entièrement une transgression
si manifeste à l'ordre établi par le
Créateur.

Quant aux influences du climat,
que dans quelques contrées, où la

femme surtout en ressent les effets,
elles aient fait avancer l'époque du
mariage, cela se conçoit; mais elles
ne justifieront jamais, ni l'esclavage
du sexe le plus faible, ni les monstrueux excès de la poligamie.

Une autre conséquence de l'unité
de l'homme et de la femme, c'est
que le divorce, c'est-à-dire la loi
qui permettrait, à l'un ou à l'autre,
de rompre un premier mariage pour
en contracter un second, blesserait
aussi la loi divine, car le divorce
comme la poligamie, détruit également cette identité d'existence dont
les époux doivent toujours présenter
le modèle, et de laquelle ils doivent
aussi attendre toute leur félicité.

Quant aux mariages qui porteraient

atteinte à l'ordre moral, l'effroi qu'ils répandent autour d'eux et la répugnance invincible que la nature inspire contre ces sortes d'unions, avertissent suffisamment, sans doute, que Dieu commande à l'homme de s'en abstenir. Mais ce n'est pas tout, et Moïse lui-même, Moïse qui cependant tolère la poligamie, a tracé, d'une manière très exacte, les dégrés de parenté auxquels il n'est pas permis de contracter mariage.

Ces dégrés ont varié, sans doute, suivant les temps et les climats; l'histoire des premiers âges nous apprend même que ce n'était qu'avec peine, que dans l'origine des sociétés humaines, l'homme allait choisir une épouse hors de la tribu à laquelle il

appartenait; mais ce qui n'est pas
moins certain, c'est que ces temps
ont été courts, et que la pudeur l'a
bientôt éloigné de toutes les unions
où les affections de l'amour pouvaient être combattues par des affections contraires.

DIXIÈME LOI.

L'INDÉPENDANCE naturelle n'appartient qu'à la brute, parce qu'elle seule peut vivre isolée (*); l'homme ne pouvant vivre seul se trouve astreint à des règles et des devoirs, auxquels sa faiblesse même l'oblige à s'assujettir, car par sa seule force ne pouvant résister aux attaques de

---

(*) Nous disons l'indépendance *naturelle* afin de la distinguer de celle dont l'homme peut encore jouir en société et qu'on pourrait désigner sous le nom d'indépendance *civile*.

ses semblables, et à toutes celles auxquelles il est exposé, il est obligé de
défendre les autres, afin que ceux-ci
viennent, à leur tour, lui prêter leur
appui.

Telle est la condition de l'homme,
telle est l'obligation à laquelle Dieu
l'a assujetti, afin que réunissant ses
forces à celles des autres, et combi-
nant également avec eux ses moyens
d'industrie, il jouisse à la fois de toutes
les facultés de son être et des bienfaits inappréciables de la société.

Conséquences de cette loi.

Il suit de là que dans les cas de
danger, tout citoyen doit sa vie à

la société; et comme ce devoir ne
saurait être pleinement exécuté sans
l'action permanente d'un gouvernement établi, de là les disputes des
hommes sur le meilleur gouvernement possible, de là les révolutions
politiques, qui, par intervalles, ébran-
lent et ensanglantent les sociétés.

Mais existe-t-il un gouvernement
par excellence, et quelque publiciste
pourrait-il se flatter de l'avoir ré-
vélé? Non, sans doute, et le meilleur
gouvernement de tous sera toujours
celui qui conviendra le mieux au
peuple pour lequel il sera établi.

Les usages et les mœurs exercent
sur les hommes un empire si absolu,
qu'on pourrait presque dire qu'il
existe autant de nations qu'il y a

des usages divers et des mœurs différentes. Or, dans un tel état de choses, il est bien évident que le même
gouvernement ne saurait convenir,
en tout, à deux peuples différents;
mais le point sur lequel ils doivent
tous s'accorder, c'est que, relativement à chaque peuple, le gouvernement soit tel, que le fardeau qui
lui est imposé soit le moins onéreux possible, ou, en d'autres termes, que le peuple jouisse de la
plus grande liberté dont son intelligence et sa civilisation peuvent lui
permettre de jouir.

Or, dans ce dessein, tout doit
être franc et sans réticence ou arrière pensée. Les hommes, en effet,
sont si jaloux de ce qu'ils appellent

leur liberté, que la jouissance complète de ce bien précieux ne peut
les satisfaire, il faut encore qu'ils
soient bien assurés qu'il ne dépend
de personne que cette jouissance leur
soit enlevée.

Ce n'est pas tout encore que le
peuple jouisse de la plus grande liberté possible, il faut aussi, pour la
perfection du gouvernement civil,
qu'il ne puisse abuser de cette liberté.
Or, c'est ici qu'il se présente une
véritable difficulté ; car non-seulement
il faut tracer la limite exacte jusqu'à
laquelle peut s'étendre la liberté,
mais il faut encore créer dans l'état
un pouvoir qui la domine sans l'an-
nihiler.

C'est dans le partage de l'autorité

publique que quelques nations modernes ont cru trouver la solution
de ce problème politique (*) ; mais
ce partage suffit-il pour le résoudre?
a-t-on levé par là toutes les difficultés?
ne faudrait-il pas encore concilier,
à la satisfaction de tous, les prérogatives attachées à la couronne, avec
le pouvoir dont les ministres doivent
jouir en cette qualité?

Si leur action, a-t-on dit d'un
côté, n'est pas entièrement libre, et
si une volonté, quelque auguste
qu'elle soit, peut la dominer, tout
le mécanisme de la représentation
sociale n'est plus qu'un vain sophis-

(*) Les Romains l'avait trouvée dans la
dictature.

me, puisque en réalité le vœu du pays est méconnu et qu'il est soumis à une seule volonté.

Si le chef de l'état, a-t-on dit de l'autre, est sans influence aucune dans les affaires du pays, il disparaît entièrement, et il n'est pas vrai de dire qu'il règne, car régner c'est commander, ou diriger du moins ceux qui disposent de l'autorité.

Ces deux arguments également tranchants, également décisifs, peuvent paraître d'abord également sans réplique, mais dans le débat qui s'est élevé à ce sujet chacun a pu reconnaître ce qu'ils avaient de vrai et de faux aussi, et tout se réduit aujourd'hui à savoir quand est-ce qu'un ministère doit offrir ses por-

tefeuilles, et quand est-ce que le
roi doit les retirer de vers lui. Or,
ce n'est que dans leur conscience
qu'ils peuvent tous apprécier cette
opportunité.

Rois, aimez les peuples; peuples,
honorez les rois; vous aurez tous à
y gagner, car si un roi ne saurait
être heureux lorsqu'il n'est pas aimé, les peuples ne sauraient trouver non plus la clémence et la douceur dans les souverains dont l'autorité est contestée.

ONZIÈME LOI.

Aussitôt que l'homme souffre, il excite dans son semblable le sentiment de la pitié, et ce sentiment, qui a commencé avec le monde, ne se manifeste pas seulement entre les membres d'une même famille, les habitants d'une même cité, mais encore entre les hommes qui habitent les contrées les plus éloignées. En quelque coin du monde que la nature humaine soit outragée, l'homme est ému, et ressent la douleur dont son semblable se trouve affligé. Cette émotion est même quelquefois si forte et si vraie, qu'aussitôt que

l'homme en est frappé, tous les traits
de son visage s'altèrent, et que ses
larmes coulent en témoignage de sa
sensibilité.

Indépendamment des témoignages
divins, il est donc moralement incontestable que l'homme a été attaché à l'homme par un lien d'amour
et de fraternité, et il ne l'est pas
moins que ce lien de la nature a
précédé tous les liens de société.

Mais si dans ces vues sublimes la
providence a uni tous les hommes
par un sentiment commun, le sentiment de la pitié; si la douleur dont
un seul est atteint se communique
aussitôt à tous les autres, cette commune souffrance, cette vive sympa-
thie, ne prescrit-elle aucun devoir à

l'homme? ne lui donne-t-elle aucun droit dont il puisse et doive user dans les limites même du devoir qui lui est imposé?

Comme les maux qui affligent l'humanité sont pour ainsi dire incalculables, on ne saurait non plus assigner la limite exacte où s'arrêtent, pour l'homme, les devoirs imposés par le sentiment de la pitié; mais comme ces devoirs se confondent en quelque sorte avec ceux de la nature même, rarement les hommes les ont négligés.

C'est pour obéir au sentiment de la pitié que s'élèvent dans tout le globe des établissements publics de bienfaisance et de charité, des maisons d'asile et de refuge, et des lieux

d'hospitalité; c'est pour obéir à la
pitié que ces vierges, qui consolent
le pauvre, abandonnent leurs familles
et renoncent aux plaisirs de la vie,
pour se vouer entièrement aux souf-
frances de l'humanité. C'est enfin pour
obéir au sentiment de la pitié, que
le chrétien se croit obligé de porter
jusqu'aux extrémités du monde la
connaissance de son évangile et du
précepte de la charité.

Des devoirs prescrits par la pitié
naissent aussi des droits pour l'homme,
qui ne sont pas moins honorables,
quoiqu'ils aient été plus souvent négligés. Si l'homme, en effet, pour
obéir à la nature, est obligé de secourir son semblable, et de faire respecter en lui l'humanité, il doit être

libre dans ses actes de bienfaisance,
et pouvoir intervenir partout où l'appelle ce devoir sacré (9).

Conséquences de cette Loi.

Il suit de là que si, dans les limites de son territoire, chaque peuple doit jouir de son indépendance nationale, cette indépendance est toujours subordonnée aux lois générales des hommes, aux principes de l'humanité.

Nul doute, en effet, qu'indépendamment de toute alliance politique, de tout traité particulier, une nation n'eût le droit d'intervenir chez une autre, si le gouvernement de celle-ci violait ou méconnaissait par ses actes les droits attachés à la qualité d'homme, les prérogatives inhérentes à l'humanité. Cette intervention serait même légitime, alors que la violence ne s'étendrait pas au-dehors, car un despotisme extrême, exercé sur un peuple quelconque, blesse non-seulement les règles sociales, mais les droits de l'humanité.

Comment se fait-il donc que non-seulement dans des contrées lointaines, mais en Europe même, au centre des lumières, à côté de la liberté, l'homme gémisse encore dans un état de servitude, qui le dégrade aux yeux de ses semblables, et qu'on ne retrouve pas en lui, ni le besoin de l'indépendance, ni ces nobles caractères qui devaient à jamais constituer sa dignité (*).

(*) *Le prince Russe Sangousko, qui vient de décéder en Volhynie,* lisait-on dans *La Presse,* 5 avril 1840, *a laissé dans sa succession 25 mille paysans, 756 mille arpents de terre, et 6 millions de florins argent.*

DOUZIÈME LOI.

Dans les desseins du Tout-Puissant, l'homme étant appellé a partager avec lui les droits et les devoirs de la paternité, Dieu fit descendre dans son sein une étincelle de cet amour céleste, dont il brûlait pour lui, et l'homme, à son tour, sentit pour ses enfants cette tendresse paternelle qui commence à leur berceau, et qui ne s'éteint qu'avec sa vie. Telle est la loi de la nature; hélas! pourquoi l'avons nous méconnue? Etait-ce à l'homme à commander à la tendresse et à lui imposer des lois! Eh! qui donc?

3

a-t-il appris au père à s'attendrir à
la vue de son fils, à le soutenir
dans sa faiblesse et guider ses premiers pas, à le suivre enfin dans
toute sa carrière pour partager ses
infortunes ou s'énorgueillir de ses
succès?

Si cependant la voix de la nature
était étouffée quelquefois par les trans-
ports de l'amour-propre, ou les excès
de la vanité, falait-il enlever aux pères
cette justice domestique, terreur salu-
taire, et dernier soutien de leur autorité?

Conséquences de cette loi.

Il suit de cette loi que la tendresse
des pères et mères pour leurs enfants

étant sans limite, la déférence des enfants à leur autorité ne saurait en avoir non plus. Cependant que de coups à-la-fois n'a-t-on pas porté, dans ces derniers temps, à la puissance paternelle? et combien de fois, pour rétablir l'égalité des droits que la naissance accordait aux enfants sur les biens de leur père et mère, n'a-t-on pas immolé l'autorité de ces derniers? Aussi qu'ils sont amers les fruits que nous recueillons aujourd'hui de ce funeste oubli des lois de la divinité (10).

TREIZIÉME LOI.

Une des lois les plus manifestes de la providence , celle pour laquelle l'homme devrait élever jusqu'aux cieux l'hymne de la reconnaissance , c'est cette harmonie si belle et si constante entre les produits de la terre et les besoins de ses habitants. Quelle abondance, quelle variété dans les productions de la nature, et avec quelle admirable intelligence chaque espèce de fruits a été appropriée aux besoins et aux plaisirs de l'homme, suivant les lattitudes de la sphére, et les ardeurs plus ou moins fortes du climat ! Ne dirait-on pas que ce sont les besoins

cux-mêmes, ou les désirs de l'homme,
qui, par son industrie, deviennent
productifs, et comblent sans cesse et
avec surabondance ses espérances et
ses vœux ?

La crainte de manquer du nécessaire sera donc toujours, pour l'homme, une crainte vaine et chimérique.
Hommes de peu de foi, disait Jésus-
Christ à ses disciples, *pourquoi vous
inquiétez-vous de votre nourriture et
de vos vêtements; les oiseaux du ciel ne
trouvent-ils pas sur la terre tout ce qui
est nécessaire à leurs besoins?* et,
en effet, dans quel temps et dans quel
lieu, depuis que l'homme habite sur
la terre, a-t-on vu qu'il manquat des
choses nécessaires à son existence, et
jusqu'à quel point, au contraire, n'a-

t-il pas poussé, aujourd'hui, les délices de sa table et les commodités de la vie? Y a-t-il jamais eu de véritable famine parmi les hommes, et si quelques-uns d'entr'eux ont été privés, pour un temps, d'une partie des biens nécessaires à la vie, n'est-ce pas à des causes, dont ils étaient les auteurs ou les maîtres, qu'ils ont dû l'attribuer? Enfin la nature elle-même a-t-elle été jamais en défaut, et partout n'a-t-elle pas prodigué aux hommes ses richesses et ses faveurs?

L'homme est donc ingrat envers l'auteur de la nature, toutes les fois qu'il se livre à des doutes sur le retour des biens dont la providence la comblé, et toutes les précautions qui lui sont dictées par cette crainte injuste, sont des outrages envers la divinité,

Conséquences de cette loi.

Il suit de là que toutes les lois sur les céréales, tous les réglements que la crainte de la famine, ou les apparences de quelque disette, ont inspiré à l'homme, sont sans objet réel, et que c'est vainement qu'il cherche à se prémunir contre un danger qui ne peut exister pour lui.

Dieu, dans sa sagesse, a pourvu aux besoins de l'homme, et les peuples ne doivent s'occuper des subsistances que pour en assurer la libre circulation. C'est de la liberté du commerce qu'ils doivent tous attendre l'abondance, et c'est surtout en matière de denrées, que la grande maxime des économistes, *laissez faire*, *laissez passer*, devrait être érigée en loi dans toutes les parties de la terre habitée.

Telle fut, en effet, la règle primitive des échanges parmi les hommes, et elle a suffi au bonheur des peuples jusqu'à ce que les faux calculs d'un égoïsme mal entendu en ont pris la place, et troublé les rapports sociaux que des besoins réciproques avaient établi entr'eux.

Mais où les nations ont-elles puisé le droit de tracer des limites au commerce et d'opposer des entraves à l'insdustrie? Le commerce et l'industrie ne font-ils partie des facultés accordées à l'homme en général, des biens communs à l'humanité?

Leur faux calcul à cet égard n'est,
au surplus, ni moins réel, ni moins
facile à démontrer; car quand la terre
sera libre, lorsqu'il sera permis à tous
les hommes de promener sur tout le
globe les produits de leur culture et
les fruits de leur industrie, chaque
peuple ne trouvera-t-il pas, dans cette
faculté, le dédommagement des avantages qu'il a voulu se procurer par ses
barrières, et en outre celui résultant
de l'usage général pour l'homme de
tous les produits de la terre, de toutes les richesses qu'il doit à son industrie? (11)

QUATORZIEME LOI.

—

Il n'y a pas de loi providentielle plus générale ni plus absolue que celle de la mort, mais qu'est-ce que la mort pour l'homme? Est-ce l'extinction totale de son être, ou n'est-ce que le rapprochement de sa partie immatérielle, de l'être infini dont elle avait été momentanément séparée?

Telle est la question que cette loi présente à examiner.

Faut-il combattre encore les matérialistes? le ferons-nous d'une manière plus complète, plus victorieuse qu'on ne l'a déjà fait? et en supposant même que les preuves que nous

donnerons, toutes simples d'ailleurs,
paraîsssent par cela même plus con-
cluantes plus démonstratives, aurons-
nous gagné quelque chose sur cet
esprit de scepticisme, toujours moins
occupé de la recherche de la vérité,
que de celle de tous les arguments
qui peuvent servir à la combattre?
Nous ne le pensons pas; mais, quel
que soit le résultat de nos efforts, nous
aurons toujours ajouté une voix de
plus à toutes celles qui, depuis si
longtemps, luttent contre l'erreur,
et ne désespèrent point encore du
triomphe de la vérité.

L'idée du juste et de l'injuste, et
la science du bien et du mal, exclusivement accordées à l'espèce humaine, sont pour la plupart des

hommes une preuve suffisante de l'existence de l'âme, et l'existence de
l'âme une preuve suffisante de celle
d'un être intelligent et supérieur; car
l'être immatériel ne saurait avoir pour
cause un être d'une nature différente.
Mais comme les facultés qui nous
viennent des sens, se confondent chez
nous avec celles qui nous viennent
de l'âme, on s'est servi des unes pour
nier les autres, et parce que l'animal
éprouve le sentiment de la douleur
et du plaisir, qu'il conserve la mémoire des impressions qu'il a reçues
et jouit d'un instinct qui, sous certains rapports, a des analogies avec
la raison de l'homme, on a soutenu
que ce dernier n'avait d'autre avantage sur lui, que celui d'une plus

grande perfection dans ses organes ;
mais que, comme lui, il devait toutes
ses facultés à la matière, et que par
conséquent tout chez lui, comme chez
l'animal, s'éteignait avec la vie.

Comme ce n'est que sur la confu-
sion des facultés qui nous viennent
des sens, avec celles qui nous viennent de l'âme, que les matérialistes
ont fondé tout leur système ; d'accord
en cela avec quelques philosophes
modernes, nous n'emploirons qu'un
seul moyen pour les combattre, ce
sera celui de distinguer les unes des
autres.

Si nous parvenons, en effet, à ranger
d'un côté toutes les idées qui nous
viennent des sens, et à placer de
l'autre toutes celles qui ne sauraient

naître de la matière, il sera facile
d'en déduire la conséquence.

L'homme est tourmenté de désirs,
dont les uns sont approuvés et les
autres combattus par la raison. D'où
naissent ces désirs, d'où naît le sentiment qui les approuve ou qui les
condamne? les désirs naissent des sens,
cela paraît incontestable; mais si les
désirs naissent des sens, d'où vient
la pensée qui les combat, qui les dé-
sapprouve? elle vient donc d'ailleurs,
elle vient donc de toute autre chose
que de la matière, elle vient donc
de l'âme.

Cette conséquence nous paraît rigoureusement exacte, car deux idées
opposées ne pouvant être attribuées
à une même cause, si l'une vient

d'un principe matériel, l'autre doit nécessairement naître du principe contraire.

Cette première observation nous fournit donc déjà une preuve bien remarquable de l'existence de l'âme, puisqu'elle établit en nous l'existence d'un principe opposé à celui de la matière et par conséquent immatériel. Mais ne nous bornons pas à une seule preuve, et continuons la recherche des idées qui ne pouvant naître des sens viennent incontestablement de l'âme.

L'idée du juste et de l'injuste, par exemple, pourrait-elle naître des sens? Est-ce parce que l'homme a des yeux, des oreilles, une bouche, un nez et des mains, qu'il a pu comprendre

qu'on doit respecter le bien d'autrui
et qu'il ne faut pas faire aux autres,
ce que nous ne voudrions pas qui
nous fut fait? Mais s'il en était ainsi,
pourquoi les animaux seraient-ils entièrement dépourvus de morale? n'ont-
ils pas des sens tout comme nous?
ces sens ne sont-ils même pas, quelquefois, plus parfaits que les nôtres?

L'idée du juste et de l'injuste est
donc encore une notion qui n'ayant
pu venir à l'homme par la voie des
sens, fournit une nouvelle preuve
de l'existence de l'âme. Mais ce n'est
pas tout et poursuivons encore nos
recherches, car le nombre des idées
qui appartiennent exclusivement à
l'âme deviendra si considérable qu'il ne
sera pas plus possible d'en nier l'exis-

tence que celle de l'ouvrier, lorsqu'on
représente son ouvrage.

Après l'idée du juste et de l'injuste,
nous aurions pu placer *la science du
bien et du mal,* science que la matière n'a pu certainement fournir à
l'homme ; mais supposons que cette
science , bien plus étendue que l'idée
du juste et de l'injuste, se confonde
avec elle, et demandons-nous s'il y
a quelque apparence que les sens
aient pu suggérer à l'homme *l'idée
d'un être éternel et infini, celle de
l'existence de l'âme,* et surtout *l'idée
de son immortalité ?* Mais qu'elle est
la créature, après l'homme, qui a élevé
sa pensée jusqu'à l'auteur de la nature? quel est l'aminal qui s'est
jamais préoccupé du point de savoir

4

s'il avait une âme, et si cette âme était immortelle? De telles pensées lui ont toujours été fort étrangères, sans doute, car elles sont trop éloignées des sens pour se présenter jamais à un être purement matériel, ou du moins dont l'intelligence est circonscrite et bornée. Si les sens, en effet, peuvent inspirer des appétits, ou des passions qui n'en diffèrent guère, ils ne sauraient produire des pensées abstraites, des idées métaphysiques, c'est-à-dire, des pensées qui sont sans rapport possible avec la matière.

Nous avons donc déjà une masse d'idées, qui ne pouvant qu'appartenir à l'âme, en démontrent nécessairement l'existence; mais cette existence

se manifeste encore par d'autres preuves non moins évidentes, non moins
décisives; car d'où vient, par exemple, que tous les biens de ce monde
sont toujours insuffisants pour le
bonheur de l'homme, et qu'il aspire
sans cesse à une élévation et une félicité à laquelle il ne saurait jamais
atteindre ici-bas? Est-ce de la matière
que pourraient naître ces désirs de
vie future, de bonheur intellectuel?
Eh! qu'y a-t-il de commun entre les
goûts de la brute et ces élans de l'âme
qui se dirigent si visiblement vers
Dieu, et l'immortalité!

Si nous arrivons maintenant à la
recherche des idées qui nous viennent
d'ailleurs que de l'âme, nous trou-
verons d'abord *l'ambition*, *l'amour*,

non pas cet amour pur qui respecte
l'objet aimé, et qui ne s'allume qu'à
ses perfections morales, mais l'amour
des sens, la passion brutale, l'instinct du plaisir. On y découvrirait
ensuite, *l'avarice*, *la haine*, et tous
les sentiments enfin, qui ne prenant
leur source que dans la matière, se
rapportent nécessairement à elle.

Telles sont, en effet, les idées qui
peuvent naître de nos sens, et il suffit
de les rapprocher un instant des grandes pensées qui nous viennent de
l'âme pour juger tout à la fois, et de
leur différence, et des sources auxquelles on doit les faire remonter.

Mais, dira-t-on peut-être, toutes les
idées que vous attribuez à l'âme, ne
pourraient-elles pas avoir une autre

source, ne pourraient-elles pas naître
de la raison ? mais la raison proprement dite, cette raison illimitée accordée à l'homme et refusée à toutes
les autres créatures, n'est-elle pas
elle-même la plus grande preuve de
l'existence de l'âme ? Eh ! que serait
l'homme si réduit à cette intelligence
qui lui viendrait des sens, il ne
pouvait jamais sortir du cercle étroit
dans lequel la matière le tiendrait
circonscrit ? que serait-il, si, dépourvu de ses idées sur l'infini et
sur l'éternité, sur l'existence de l'âme
et son immortalité, il ne pouvait
exercer son intelligence que sur des
sensations purement matérielles et
dépourvues de toute moralité, c'est-
à-dire, si ces idées ne s'étendaient

jamais au-delà de ses passions bru-
tales ou de ses besoins physiques?

Cette raison dont l'homme a été doué,
cette lumière qui l'éclaire en ce monde, serait donc, selon nous, à part
toute autre preuve, le flambeau le
plus propre à faire briller à tous les
yeux la plus importante comme la
plus consolante des vérités morales.

L'existence de l'âme est donc démontrée, 1° par les combats qui s'o-
pèrent en nous entre le vice et la
vertu, l'âme et les sens, l'esprit et
la chair; 2° par l'idée du juste et
de l'injuste, et la science du bien
et du mal; 3° par l'idée d'un Dieu,
celle de l'existence de l'âme, et
de son immortalité; 4° par l'insuffisance des biens de ce monde pour

le bonheur de l'homme, enfin, par
cette raison illimitée dont il jouit seul,
cette lumière qui l'éclaire et le guide,
et dont on ne pourrait indiquer
la source, si elle n'émanait de la
divinité.

Concluons donc que la mort ne peut
être considérée pour l'homme que
comme la fin d'une épreuve, le
terme d'un exil.

Conséquences de cette loi.

Il suit de cette loi que l'homme
ne saurait raisonnablement douter ni
de l'auteur de son être, ni de sa
double nature. Mais si ces vérités
lui commandent des hommages et lui

prescrivent des devoirs envers la divinité, rien ne l'oblige, rien ne l'autorise à se rendre juge entre son
Dieu et ses semblables, et à exercer
une justice dont il n'est pas chargé.
Quel est celui de nous, en effet, qui
oserait prétendre à être plus sage que
celui de qui toute sagesse émane, et
prendre sur lui de venger des outrages auxquels l'auteur de la nature
n'a voulu opposer que la lumière
dont il éclaire graduellement ce monde, et son incommensurable longa-
nimité. (12).

En matière de religion, la tolérance
dans la loi civile doit donc être égale
en tout à celle dont le Tout-Puissant
use tous les jours envers les hommes, car c'est surtout en suivant ses

exemples, que ces derniers doivent
se faire un devoir d'honorer la divinité.

On a dit que la loi civile était ou
devait être athée, mais ce n'est là,
sans doute, qu'une erreur de mots;
car on n'a certainement pas voulu
dire que la loi civile devait interdire
toute espèce de culte, toute sorte
d'hommages envers la divinité. Qu'on
ait voulu dire que la loi civile, au
contraire, devait indistinctement protéger tous les cultes, toutes les religions, ne mettre entr'elles aucune
différence, n'accorder à aucune d'elles ni faveur ni prééminence, cela
se pourrait; mais alors la loi civile
serait loin d'être athée, car admet-
tant tous les cultes, les protégeant

tous également, elle serait bien plutôt
polythéiste, si, comme autrefois, les
hommages des hommes pouvaient s'a-
dresser à plusieurs divinités.

Depuis le règne de Louis XIV un
grand bien s'est opéré en France dans
l'esprit de charité, et si la philosophie
du 18e siècle ne s'était élevée que
contre l'intolérance religieuse, on
pourrait presque dire que son triomphe se trouve complet aujourd'hui.
En effet, si la religion catholique
professe encore comme article de foi,
*qu'hors de l'église il n'est point de
salut,* l'esprit qui animait cette partie
du dogme et enfantait ce zèle fa-
natique, qui fut si souvent funeste
à nos aïeux, n'existe plus dans nos
mœurs actuelles, et quel que soit le

culte qu'un homme pratique aujour-
d'hui parmi nous, il trouve dans l'esprit du siècle, comme dans la loi
civile, la protection qui lui est due.

Sur un point seulement, l'esprit
de l'église catholique lutte encore
contre l'esprit de la philosophie, c'est
relativement aux honneurs de la sé-
pulture. Mais quelques graves que
soient les inconvénients auxquels cette
discordance pourrait donner lieu, elle
ne saurait encore inspirer des alar-
mes sérieuses, car il sera toujours
facile au gouvernement civil, lorsqu'il voudra s'en occuper, de s'entendre à cet égard avec l'autorité
ecclésiastique, et de prévenir ainsi
les scandales auxquels, dans ces derniers temps, quelques inhumations
ont donné lieu.

PRINCIPES

DU

DROIT NATUREL.

ERRATA.

Page 175. Au lieu de : *Nous allons donc chercher en premier lieu,* lisez : *Nous avons donc à rechercher en premier lieu.*

Pages 185 et 186. Au lieu de : *ni les habitudes corporelles qu'elles devaient naturellement amener,* lisez : *ni les habitudes corporelles qu'elle devait naturellement amener.*

PRINCIPES

DU

DROIT NATUREL

DÉDUITS

DES LOIS PROVIDENTIELLES

ET

DÉDIÉS AUX AMIS DE L'ORDRE.

NOTA. Cet ouvrage faisant suite aux *Lois Providentielles*, nous avons cru devoir continuer la pagination de ce premier ouvrage.

Albi, Imprimerie de M. PAPAILHIAU, rue de la Mairie.

AVANT-PROPOS.

On a lu celui qui a précédé mon édition de 1842. Je n'ai rien à y ajouter, si ce n'est que depuis cette époque la persécution, dont je suis toujours l'objet, est devenue plus infâme et plus atroce. On a tellement abusé de ma sensibilité, que c'est maintenant d'une véritable affection morale que je suis affligé. Mais laissons cela et disons un

mot du nouvel essai que je me propose d'ajouter au premier.

Après mon essai sur les lois providentielles, j'ai voulu m'occuper des principes du droit naturel déduits de ces lois.
L'entreprise était grande et hardie, et
elle présentait d'autant plus de difficulté que, posant de nouveaux principes, personne dans cette étude ne
m'avait devancé. J'en fus longtemps effrayé, mais, avec le temps et la pa-
tience, les difficultés ont été surmon-
tées, et j'ose espérer que mes efforts
ne seront pas sans quelque utilité pour
confirmer, de plus en plus, ces grandes
et utiles vérités qui depuis tant de
siècles ont fait le bonheur du monde,
et que cependant on cherche encore à
ébranler. On verra aussi s'il m'a été
donné d'y en ajouter quelqu'une que

ceux qui m'ont précédé n'auraient pas
rencontrée.

Obligé de suivre un ordre méthodi-
que pour présenter sur le droit naturel le système que j'avais adopté, je
n'ai pu combattre les fausses et per-
nicieuses doctrines, dont aujourd'hui
nous sommes inondés, qu'à mesure
qu'elles se sont offertes dans l'ordre des
chapitres que je m'étais tracé; mais
toutes les fois qu'elles se sont présen-
tées, je n'ai rien négligé pour en démontrer toute la fausseté.

Un autre soin, auquel ceux qui m'ont
précédé dans l'étude du droit naturel,
ne m'avaient pas paru s'être suffisamment attachés, a été surtout d'éviter
des longueurs, des extensions exubé-
rantes, auxquelles, peut-être, il n'eut
été que trop facile de se laisser entraî-

ner, de le renfermer enfin dans les justes limites que la nature elle-même semble lui avoir tracées.

Au moment, au reste, où tout l'ordre social est sans cesse remis en question en vertu du droit naturel, il ne sera pas sans à propos, sans doute, de remonter jusqu'à cette source du droit positif et d'en fixer les principes, surtout en ce qui touche l'origine, la légitimité et l'indispensable nécessité pour l'homme de la propriété.

PRINCIPES

DU

DROIT NATUREL

DÉDUITS

DES LOIS PROVIDENTIELLES.

❧

Introduction.

Pour fixer les principes du droit naturel nous ne remonterons pas avec Puffendorf aux premières causes de l'entendement humain, et à l'examen des diverses erreurs dans lesquelles l'homme peut tomber; ni avec Burlamaqui aux devoirs des sujets envers leur souverain et à l'origine de la souveraineté.

Nous ne rechecherons pas non plus,
avec quelques autres auteurs, si l'homme n'a pas toujours été tel que nous
le voyons aujourd'hui ; s'il a subi diverses transformations, et si, dans l'état
de nature, il doit être considéré comme
étant avec ses semblables en état de
guerre ou en état de paix. Nous ne nous
demanderons pas enfin, avec Jean-
Jacques Rousseau, *si le premier qui
se fit des habits et se procura un loge-
ment se donna des choses qui lui étaient
peu nécessaires.* Mais prenant l'homme tel qu'il se présente naturellement
à notre esprit, c'est-à-dire doué d'intelligence et de raison, fait pour vivre
en société, et pouvant rendre sa condition meilleure, nous nous demanderons quels sont les droits dont il a dû
jouir avant la formation des sociétés

humaines, et quels sont ceux dont il
a du faire le sacrifice pour se procurer,
par ce moyen, le bien être et la sécurité dont il jouit aujourd'hui.

Nous nous demanderons ensuite quels
sont les devoirs qui s'attachent parti-
culièrement à chacun de ses droits,
car il est impossible de séparer les uns
des autres, et nous tacherons de découvrir ainsi quelles sont les lois des
hommes qui sont en harmonie avec
celles de la nature, et quelles sont
celles qui, s'opposant à ses bienfaits,
porteraient atteinte à l'œuvre du créateur. Mais avant tout examinons d'a-
bord s'il existe pour l'homme un droit
naturel, et quelles sont les bases sur
lesquelles ce droit est fondé.

BASES FONDAMENTALES

DU

DROIT NATUREL.

Si l'homme a été créé il doit avoir des droits, car par la création le créateur s'oblige nécessairement envers la créature ; il n'en aurait aucun s'il ne devait son existence qu'au hazard, ou à toute autre cause aveugle, car le droit suppose l'intelligence, comme le jugement suppose la raison.

Il n'y a donc de droit naturel que pour ceux, qui, comme nous, admettent la création de l'homme, et l'exis-

-tence d'un être supérieur, car, pour les autres, tout devant être abandonné à la fatalité, il n'y a ni droit naturel, ni justice divine, et il ne s'agit pour eux que de se soustraire aux lois que les hommes ont imaginées pour le maintien de l'ordre et le repos de la société.

Nous allons donc chercher en premier lieu, si l'homme a été créé, et par conséquent s'il existe un créateur.

DE L'EXISTENCE DE DIEU.

Si, pour l'existence de l'âme, nous n'avons pu donner, ailleurs, que des preuves purement morales ou métaphisiques, qu'elles sont grandes, qu'elles sont magnifiques, les preuves sensibles d'un être créateur. Comment, en effet, sans une première cause, sans une cause intelligente, concevoir l'existence, et s'expliquer l'harmonie de tous ces astres qui brillent sur nos têtes, et qui répandent sur nous la lumière, la chaleur et la vie? Comment se rendre compte du retour périodique des saisons et des fruits, des fleurs et des frimats? Comment concevoir enfin ce système planétaire, découvert par Copernic, justifié par l'attraction universelle de Newton, et complété par la périodicité des perturbations célestes de La Place? Ces mouvements périodiques, ces ellipses régulières, ces forces combinées de répulsion et d'attraction, d'où résulte entre les corps célestes l'accord le plus admirable, l'ordre le plus parfait, ces apparences enfin d'une

perturbation universelle, qui n'ont pour
résultat que do ramener, à des époques
fixes, des périodes infinies d'ordro et
d'harmonic, ne sont elles pas la preuvo
éternelle, la preuve irrécusable do
l'intelligence qui les a créées?

Mais ce n'est pas seulement dans
l'ordre admirable que nous offre l'univers, dans la grandeur et la perfection
des lois de la nature, que nous trouvons la preuvo sensible, la preuvo
irrécusable d'un êtro créateur, nous la
trouvons encore dans les profondeurs
du globe que nous habitons, dans ces
antiques monuments que la main du
temps a déposés dans les entrailles de
la terre, et qui viennent, à leur tour,
révéler un créateur.

Des recherches modernes de la géologie, et des monuments sans nombre

dont elle s'est enrichie, il résulte aujourd'hui de la manière la plus positive, la plus indubitable, qu'à deux époques différentes la mer a occupé, pendant des temps incalculables, la partie du globle que nous habitons; qu'une végétation immense a précédé sur cette planète l'existence de tout être vivant, et que les débris des premiers habitants de la terre n'ont pu appartenir qu'à des êtres d'une grandeur et d'une monstruosité vraiment effrayantes, qu'à cette première espèce d'êtres en a succédé une seconde, dont les formes plus perfectionnées que celles de la première, présentaient encore des monstruosités qu'on ne retrouve plus aujourd'hui dans la nature; enfin qu'à une troisième espèce d'animaux, en a succédé une quatrième qui serait celle

au milieu de laquelle nous vivons aujourd'hui.

Quant à l'homme, dernier chef-d'œuvre
du créateur et son être privilégié, on
n'en trouve des vestiges que parmi les
débris de la dernière époque, ce qui
dépose clairement de sa récente création (*).

Or, il a été démontré déjà qu'en
substituant le mot *époque* au mot *jour*
employé dans la Génése, mots qui, dans
la langue dans laquelle écrivait Moïse,
sont à peu près synonimes, tout son
récit sur la création s'accorde parfaitement avec la géologie (**).

(*) Vide le discours de M. Cuvier sur les
révolutions du globe.

(**) Vide la cosmogonie de Moïse comparée
aux faits géologiques par M. Marcel de Serres.

Il faut donc induire de là que si ce n'est qu'avec une sage lenteur (*) et une admirable progression que le créateur est arrivé à cette perfection dans ses ouvrages que nous ne pouvons nous lasser d'admirer aujourd'hui, il n'en est que plus certain qu'il n'existe rien

---

Cette concordance qui démontre que jusqu'à présent le récit de Moïse sur la création avait été mal entendu, peut surprendre au premier apperçu, mais on est bien plus surpris encore de retrouver dans le livre de Job, peut être plus ancien que celui de Moïse, des images frappantes des traces matérielles de ces cataclismes immenses dont Cuvier nous a fourni la preuve, cataclismes inconnus jusqu'à présent et qui viennent à peine de nous être révélés. (Liv. de Job ch. 38 v. 13 et 14).

(*) *Et vidit quod esset bonum.* (Gen. ch. 1 v. 10).

dans la nature qui ne soit le produit de sa puissante volonté, et le résultat immédiat de la création. Le hazard, en effet, n'est-il pas inconciliable avec toute pensée d'ordre, avec toute idée de perfection et d'harmonie.

L'homme a donc été créé.

A des preuves aussi manifestes de cette création, opposerons nous maintenant celles du matérialisme sur la formation des êtres? Tel n'est pas notre dessein, mais, sans entrer à cet égard dans des dissertations inutiles, ou des réfutations oiseuses, comment écarter les témoignages que nous fournissent nos livres sacrés, nous refuser même à celui de nos sens, pour nous jeter dans des conjectures que rien ne justifie, et que le simple bon sens suffirait même pour faire rejeter..

Comment, en effet, rechercher sé-
rieusement avec Aristote, si, couvert
de poils, l'homme n'a pas d'abord marché à quatre pieds, et si ses ongles
allongés ne furent pas d'abord des
griffes crochues? Comment, avec Lin-
née, tant il est vrai que les plus grands
génies peuvent quelquefois s'égarer, admettre la fécondation de l'eau par l'air,
et se demander, si l'homme, sans un
pouvoir divin, ne serait pas sorti du
limon dont il est formé? Comment enfin, adoptant le système des transformations successives, rechercher, avec
Demaillet, si l'homme, fruit du hazard,
n'aurait pas pris naissance dans le sein
des mers, et s'il ne serait pas quelque
Lamantin transformé?

Tous ces vains systèmes, qui sont si
loin de satisfaire la raison, et qui d'ail-

leurs se détruisent les uns les autres,
tous ceux enfin qu'on a imaginés encore sur les propriétés de la matière,
que personne ne connaît, et sur l'éternité du monde, qui n'explique rien,
pourraient-ils l'emporter sur cette lumière naturelle, sur cette raison commune, qui nous enseigne à tous que
dans la nature tout a une cause, que
la vie ne vient que de la vie, et que
le hazard, qui ne crée rien aujourd'hui,
n'a jamais rien créé.

Nous ne saurions donc admettre pour
l'homme, ni pour l'être en général,
d'autre cause d'existence, d'autre mode
de formation que celle que la raison,
d'accord avec la tradition, permettent
de lui assigner.

Ce ne sera donc point sur la sup-
position d'un monde éternel, et sur une

existence qui ne serait due qu'au hazard, suppositions qui ne nous offri-
raient qu'un vide effrayant, qu'un néant
à implorer, que nous établirons les
droits naturels de l'homme, mais sur
cette pensée consolante, qu'il n'est pas
dans la nature un seul être animé qui
ne puisse adresser sa prière à celui
dont il tient l'existence, et réclamer les
droits qu'elle fait supposer.

Mais pour apprécier les droits naturels de l'homme, il ne suffit pas de
savoir qu'il a été créé, il faut encore
le connaître en lui-même, l'étudier dans
sa nature et ses facultés, dans ses rapports avec ses semblables, et avec celui
dont il est émané, le considérer enfin,
non tel qu'il est aujourd'hui dans un
état civilisé, mais tel qu'il fut dans
l'enfance de son espèce, tel qu'il vécut
dans les forêts.

DE L'ÉTAT PRIMITIF DE L'HOMME.

Lorsqu'on admet la création de l'homme, et par conséquent sa chûte du haut rang où il avait été placé, son état primitif est facile à comprendre, car sa nature n'a nullement changé. Si des mœurs plus douces, des abris plus commodes, une nourriture plus délicate et mieux choisie, ont apporté, avec le temps, quelques modifications à son état physique, s'il est vrai aussi que, par ces modifications, il soit devenu moins agile, moins robuste, moins propre à la course et à tous les autres exercices de la vie des forêts, elles n'ont pu du moins altérer sensiblement, ni sa structure primitive, ni les habitudes corporelles qu'elles devaient naturellement amener.

Il faut donc rejeter d'abord, comme dénuées de toute vraissemblance, de toute possibilité, ces transformations imaginaires, qui, loin d'amener à la connaissance de l'homme, ne feraient, au contraire, que nous en éloigner. On ne saurait admettre, non plus, qu'à aucune époque de la vie humaine, l'homme étranger à toute famille, à toute tribu, ait vécu sur ce globe éloigné de ses semblables et perdu dans les forêts. L'état purement sauvage, l'état animal, dans lequel on s'est plu quelquefois à le représenter, ne saurait convenir à l'homme, et ne fut jamais ni dans sa nature, ni dans sa destinée. La preuve en serait, non-seulement, dans ce besoin réciproque que les hom-

mes ont les uns des autres pour l'exercice de leurs facultés, mais surtout
dans cette union parfaite que Dieu a
établie entre l'homme et la femme,
dans cette vie commune qu'il leur a
assignée, dans cet état de famille enfin,
qui, passager pour toutes les autres
créatures, est habituel et permanent
pour lui.

Si, après le temps de la reproduction, tous les rapports de famille ces-
sent entre les animaux, si le père ou-
blie ses enfants, si les enfants ne re-
connaissent plus leurs pères, s'il n'existe
enfin aucun signe apparent de liaison
particulière entre ceux qui sont nés
dans le même gîte, ou qui ont été élevés
dans le même nid, il n'en est point
de même pour l'homme, chez lui les
rapports de famille ne discontinuent

jamais, et l'on voit le jeune sauvage conduisant ses enfants par la main , et portant encore son vieux père sur ses épaules.

On ne saurait donc, avec Jean-Jacques Rousseau , se représenter l'homme vivant seul dans les forêts, et ne reconnaissant ni la famille à laquelle il appartenait, ni la compagne même à laquelle il se serait associé (*). Il est évident, en effet , que dès l'instant que l'homme s'unit à la femme, il se forme une famille, et que la famille, en s'étendant, forme ensuite la tribu.

Mais ce n'est pas seulement comme être physique que l'homme jouit de droits naturels, mais encore comme

---

(*) Discours sur l'inégalité des conditions.

etre moral, comme être privilégié. Si,
comme être physique, l'homme, en effet,
se trouve quelquefois au niveau de la
brute, par ce qu'il est soumis aux mêmes fonctions animales, aux mêmes nécessités, par son intelligence perfectible, par sa pensée illimitée, il s'élève
en quelque sorte au-dessus de lui-même
et touche, pour ainsi dire, au trône de
la divinité.

Ce n'est donc qu'en distinguant l'être
physique de l'être moral, que nous re-
chercherons quels sont les droits que
l'homme tient de la nature, droits créés
avec lui, et qui sont indiqués pas ses
facultés. Or, dans l'ordre naturel, celles
de l'être physique précédant toujours
celles de l'être intelligent, c'est du premier que nous allons d'abord nous
occuper.

2

N'oublions pas, cependant, que c'est d'un être raisonnable que nous allons parler et que, par conséquent, tout dans sa vie physique comme dans sa vie morale, tout dans ses actes les plus matériels, doit être apprécié suivant les règles du juste et de l'injuste, et selon les lumières dont son esprit est éclairé.

LIVRE PREMIER.

❦

DES DROITS DE L'HOMME COMME ÊTRE PHYSIQUE.

Observations générales.

L'homme naît sans vêtements et il est sujet à la faim, il doit donc trouver dans la nature de quoi pourvoir à sa subsistance et de quoi parer à sa nudité.

Il naît aussi avec la faculté de se mouvoir et de se reproduire, il ne saurait donc être privé du droit de se transporter d'un lieu dans un autre et de se donner une compagne.

Enfin, il naît avec l'obligation de veiller à sa conservation, il doit donc avoir le droit de résister à la violence et de repousser la force par la force.

Tels sont, en effet, pour l'homme, les droits naturels qui répondent à ses facultés et nécessités physiques, et tel est l'ordre dans lequel nous nous proposons de les examiner. Heureux, si en rapprochant les lois éternelles de l'être créateur, de celles que les hommes ont dû adopter comme fondements de leurs sociétés, nous pouvons mettre au grand jour l'origine de ces dernières, et en démontrer toute la sainteté.

Ce serait, au reste, une erreur de penser qu'il y a plusieurs droits dans le monde, car, comme il n'y a qu'une raison, il ne peut y avoir qu'un droit, le droit naturel. Aussi le droit des gens n'est-il autre chose que le droit naturel appliqué aux nations, et le droit civil, le droit naturel modifié suivant les exigences et les besoins de la société.

TITRE PREMIER.

DES DROITS DE L'HOMME A LA SUBSISTANCE.

Observations générales.

Lorsque, perdu dans les forêts, le tigre éprouve les étreintes de la faim, il pousse un mugissement, c'est son droit à la subsistance qu'il réclame, et la proie ne tarde pas longtemps à s'offrir à lui. Elle se présente aussi, suivant leurs besoins, et aux oiseaux du ciel et à l'insecte même qui vit dans

le sein de la terre. L'homme, si supérieur à toutes les autres créatures, et
soumis cependant aux mêmes nécessités, a donc, comme tous les êtres
créés, un droit naturel à la subsistance;
mais, éclairé par la raison, ce droit,
pour lui, n'est jamais sans limites, et
dans l'état de nature, comme dans l'état
social, il a ses règles et ses bornes
fixes, bornes que, sans blesser d'autres droits, il ne saurait dépasser. Les
siens, en effet, comme être organisé,
ne pouvant être mesurés que sur l'étendue de ses besoins physiques, il est
bien évident que, dans aucun temps, ni
dans aucun lieu, il n'a pu disposer
sans mesure des biens de ce monde,
et qu'après avoir pourvu à ses propres
besoins, il a dû respecter ce qui pouvait être utile à ceux de ses semblables.

Ce n'est donc que dans l'étendue de ses besoins réels, que, dans l'état de nature, l'homme a pu cueillir le fruit qu'il a trouvé suspendu à la branche d'un arbre, arracher quelques racines de la terre pour en faire sa nourriture, et enfin faire la chasse aux animaux pour se procurer les vêtements que la nature lui avait refusés.

Placé au milieu des forêts, et environné d'animaux, dont la plupart font leur proie des autres espèces, la raison, à défaut d'instinct, a dû le porter bientôt à imiter cet exemple, et il est plus que vraisemblable qu'après s'être rapproché des animaux timides, dont il a composé ses troupeaux, il a dû faire usage de son adresse ou de sa force pour soumettre les autres, ou les immoler à ses nécessités.

On a dit, quelque part, que c'était à
la défense des troupeaux et à celle des
moissons , exposés aux ravages des
animaux malfaisants, que devait être
attribuée l'origine de la chasse; mais,
outre que cette origine laisserait à
l'écart le principal objet de son utilité
pour l'homme, elle repose encore sur
une erreur de fait aussi évidente par
elle-même que facile à démontrer. Les
troupeaux de l'homme ne pouvant, en
effet, qu'être le résultat de la chasse
elle-même, il est bien évident que l'effet
n'a pu précéder la cause, et que par
conséquent l'homme a dû être chasseur
avant d'être berger.

CHAPITRE PREMIER.

DE LA FACULTÉ D'ACQUÉRIR.

Nous venons de voir comment dans
le premier âge de la vie humaine l'homme a dû pourvoir à sa subsistance ; mais
cette vie sauvage n'a pu être de longue
durée , et l'homme, en général , ayant
reçu de Dieu la faculté de rendre sa condition meilleure, chacun, en particulier,
a dû s'approprier bientôt une partie quelconque de la terre qu'il habitait. Or ,
dès l'instant que, par ses soins et son
travail, cette partie de la terre a pro-

duit des fruits différents de ceux qu'elle produisait naturellement, personne, sans injustice, n'a pu s'emparer de ces fruits au préjudice du premier occupant.

La propriété, comme on l'a si souvent et si faussement avancé, n'est donc pas d'institution civile, elle existait avant l'établissement des sociétés humaines, et ces sociétés même n'or eu pour objet, dans leur origine, que de la défendre et la rendre stable parmi les hommes, en créant, au profit de tous, un pouvoir suffisant pour la faire respecter à l'égard de chacun d'eux.

Peu importe, au surplus, qu'avant la formation des sociétés civiles, tout fût soumis à la loi du plus fort, car la violence n'établit pas le droit, et l'usage de la force, employée contre le

, ossesseur actuel, prouverait même le droit de ce dernier. (*)

Mais est-il vrai, comme on l'a dit

(*) Nous sommes loin, au reste, de penser, avec Jean-Jacques Rousseau, que des multitudes de siècles se soient écoulés avant l'établissement de la propriété, et quand on songe à la rapidité avec laquelle les enfants de Jacob se sont multipliés en Egypte, au court espace dans lequel des contrées désertes ont été peuplées et sont devenues fertiles, enfin, au peu de temps qu'il fallut à Caïn pour devenir le chef d'une tribu et le possesseur d'une ville, il est impossible de ne pas repousser fort loin une telle pensée.

Elle n'est pas moins combattue par les découvertes récentes de la géologie, car s'il faut en induire que l'existence de notre globe remonte à des temps excessivement reculés, il en résulte aussi que celle de l'homme n'est que d'une époque infiniment plus rapprochée;

quelquefois, et comme on ose maintenant
le répéter, que l'introduction de la
propriété ait été réellement funeste à
l'humanité, et n'est-ce pas, au contraire, à elle seule que l'homme doit
attribuer toute sa puissance dans ce
monde, son bien-être, sa félicité, en
un mot, les immenses conquêtes qui
sont nées pour lui de l'état de société?
Sans la propriété, l'homme, en effet,
jouirait-il de ses moissons, de ses
cités? Aurait-il inventé les sciences, les
arts, les métiers; et que serait son
espèce, sans lois, sans religion, sans
lien quelconque et dispersée dans les
forêts? (*)

(*) On a dit encore que dans l'état de nature
l'homme se passait de ces biens et n'en était
que plus heureux; mais s'il en était ainsi,

3

La propriété, premier mobile de
l'agriculture et véritable fondatrice des
sociétés humaines, est donc le moyen à

pourquoi les aurait-il recherchés, son bien-être
n'est-il pas la fin où il tend sans cesse, le but
et le mobile de toutes ses actions?

On a dit enfin que c'était avec les sciences
que les vices s'étaient introduits dans la société;
mais les vices, comme les vertus, ne sont-ils
pas naturels aux hommes, et s'ils se sont multipliés à mesure qu'ils se sont multipliés eux-
mêmes, est-ce à leurs connaissances qu'il faut
l'attribuer? Les hommes les plus instruits sont-
ils donc les plus pervers, et les lettres, au
contraire, comme on est forcé d'en convenir,
ne rendent-elles pas les hommes plus doux et
plus sociables.

On nous peint les vices qui existent maintenant dans la société, mais pourrait-on décrire
ceux dont l'espèce humaine serait dévorée, si
un si grand nombre d'hommes, sans morale et
sans instruction, se trouvaient rassemblés?

l'aide duquel la providence a exécuté sur les hommes ses vastes desseins d'organisation sociale et de civilisation universelle, dont tout déjà démontre la pensée, desseins magnifiques, et auxquels, pour leur félicité, les hommes auraient vainement cherché à résister.

En supposant, en effet, qu'il eût été possible à l'homme de s'opposer à la marche de la nature et d'en arrêter les progrès, qu'il lui eût été possible, si l'on veut, de se fixer à jamais dans cet état de vie nomade, où, dans l'origine des sociétés humaines, il semble avoir trouvé plus de repos et moins de vices, est-il vrai qu'il eût. alors rempli sa destinée? Mais sans nous occuper de ces embellissements du globe qui sont nés de l'agriculture, ou plutôt de la propriété, sans parler de ces inventions de l'industrie qui ont rendu nos cités si brillantes et nos campagnes si riantes et si fertiles, ces monuments majestueux, ces temples magnifiques que la piété des hommes a élevés au tout-puissant, la pompe des hommages enfin qu'ils lui rendent aujourd'hui sur presque tous les points de la terre habitée, n'ont-ils rien ajouté à la beauté du spectacle de la nature, au bonheur des hommes et à la gloire de la divinité?

Au reste, la propriété est si indispensable à l'homme, que non-seulement pour lui, mais pour tout être animé, elle est inséparable de l'état de famille que le créateur lui a assigné. Dans cet état, en effet, chaque oiseau n'a-t-il pas son nid, chaque animal sa tanière, chaque insecte son gîte particulier?

Mais, a-t-on dit, c'est de la propriété que sont nés parmi les hommes
les disputes sanglantes, les guerres,
les procès. Sans doute, c'est de la propriété que naissent, en général, les
disséntions entre les hommes, les débats, les meurtres, les assassinats,
mais est-il un état pour l'homme où
il soit à l'abri de ces calamités, et
dans l'état de nature, avant toute organisation de la propriété, les hommes
ne se battaient-ils point pour quelques
fruits sauvages, pour un puits, une
cabane, comme ils l'ont fait ensuite
pour des royaumes, des cités. Leurs
guerres alors étaient-elles moins fré-
quentes, moins meurtrières, moins
acharnées; n'est-ce pas enfin pour les
éteindre, pour les faire cesser, qu'ils
se sont partagé la terre et ont reconnu
le droit de propriété?

La propriété, dont l'origine remonte à la pensée divine, la propriété, véritable fondatrice de nos sociétés, ne saurait donc être considérée que comme le premier degré de la civilisation des hommes, la base des empires et la bienfaitrice de l'humanité.

L'homme a donc eu le droit d'acquérir, et par conséquent celui de substituer au droit commun le droit particulier. Cependant, chose admirable! ce droit si exclusif, cette propriété si égoïste, en apparence, et devant laquelle toute sorte de droits naturels, toute espèce de ressources pour l'homme nouveau semblent s'évanouir, n'est en réalité, qu'une faveur commune à toute l'espèce humaine, qu'une seconde providence à l'aide de laquelle l'auteur de la nature a pourvu non-seulement aux besoins réels de l'homme, mais même aux somptuosités de toute l'humanité.

La nature, sans doute, ne semble d'abord libérale qu'en faveur de ceux qui possèdent; mais qu'arrive-t-il après? c'est que tous ces produits de l'art, que le propriétaire du sol semble forcer la terre de lui accorder dans son intérêt particulier, passent de ses mains dans celles de ceux qui sont destinés à les consommer, sans que lui-même en soit réellement privé. Or, admirons la providence, car c'est de notre mollesse, de nos goûts, de nos caprices, et presque de nos vices qu'elle fait jaillir ses bienfaits. Ce n'est, en effet, que le luxe des riches qui fournit aux besoins des pauvres, et la nature est si ingénieuse que si ceux-ci ne sauraient maintenant se passer des ressources que leur fournissent les travaux de leurs mains, les autres ne sauraient non plus se passer de ces superfluités. Chacun donne pour recevoir et par cet échange de services, l'homme jouit non-seulement de tous les dons de la nature et des inventions de l'industrie, mais encore de tous les charmes attachés à la société.

La nature a donc pourvu à tout elle-même, aux besoins des pauvres comme à ceux des riches; mais les produits naturels de la terre étant insuffisants pour tous, c'est à la propriété qu'elle les a demandés. Il a donc fallu alors, que reconnaissant les droits du premier occupant, chacun, dans l'intérêt de tous, renonçat à son droit personnel, à sa part au bien commun, car qui se chargerait des travaux de l'agriculture, sans l'espoir si légitime d'en recueillir les bienfaits?

Loin d'avoir été funeste à l'homme,
la propriété n'a donc été pour lui qu'une
source nouvelle de richesses, de fécondité. De la vie sauvage, elle l'a conduit
à la vie policée; du gland des forêts,
aux moissons les plus abondantes, aux
plus riches guérets, et de ses retraites
sauvages aux plus somptueux palais. (*)

Gardons-nous donc de porter quelque
atteinte à l'ordre établi par le créateur,
et de nous persuader que notre sagesse
et notre intelligence soient supérieures
à la sienne. Eh! quel ordre plus admirable pourrait-on imaginer que celui
qui, à mesure que l'homme grandit sur

(*) Détruire la propriété serait donc en quelque sorte détruire l'humanité et rappeler dans
les demeures de l'homme les bêtes féroces qu'il
en avait écartées.

la terre, et que ses besoins se multi-
plient, fait naître de la propriété, non-
seulement tout ce qui peut être nécessaire à son existence, mais même tout
ce qui peut flatter ses goûts, multiplier
ses voluptés.

Mais quels sont les objets dont l'homme peut se rendre maître, et quelles
sont les limites que la nature a mises
au droit de propriété ?

CHAPITRE SECOND.

DES LIMITES A LA FACULTÉ D'ACQUÉRIR.

La terre, disent nos livres sacrés, a été donnée en partage aux enfants des hommes; la première limite que l'homme trouve à son droit, est donc celui de son semblable, car, si chacun ne respectait le droit d'autrui, quelqu'un serait-il assuré de pouvoir jouir du sien? (*)

(*) On ne saurait donc au nom de son souverain prendre possession d'une terre déjà habitée, car ce serait s'exposer à s'en voir à son

La seconde naît de la nature des objets créés, et la troisième, enfin, des bornes que le tout-puissant a mises à la faculté de posséder.

D'après la nature des choses, l'homme ne saurait donc se rendre maître de l'homme, car celui qui est né pour posséder, ne saurait être lui-même l'objet d'une possession, ni de l'air, ni de l'eau, car les bornes que Dieu a posées aux facultés physiques de l'homme ne sauraient lui permettre de les

---

tour expulsé par un autre. Aussi, dans ces derniers temps, a-t-on substitué le *protectorat* à la prise de possession, et, il faut le reconnaître, on s'est, en cela, rapproché de l'équité, puisque, à l'abus de la force, on a substitué l'accomplissement d'un devoir d'humanité, mais reste à savoir maintenant comment ce devoir sera exécuté.

soumettre à son empire, de les embrasser dans sa propriété. Aussi l'homme
n'a-t-il jamais songé à se dire le maître
de l'atmosphère qui nous environne, et
tout son pouvoir sur la mer ne s'est
jamais étendu au-delà des parages où
il peut journellement aller tendre ses
filets.

Quant au feu, que les anciens croyaient
avoir été ravi du ciel, et que la chimie
nous apprend maintenant à faire jaillir
à volonté; quant au feu, dont la puissance produit un phénomène, dont,
malgré nos habitudes, notre esprit est
toujours frappé; quant au feu, enfin,
dont l'usage a été exclusivement réservé
à l'homme, parce qu'il jouit seul de la
raison nécessaire pour en modérer les
effets, l'homme semble en jouir en toute
propriété, car, quoique l'usage en soit

commun à tous, chacun, en particulier,
jouit de la faculté de le faire paraître
ou de l'anéantir à sa volonté.

Mais si dans ses vues universelles,
dans ses vastes desseins sur les êtres
animés, la providence a placé, à jamais, hors du pouvoir de l'homme,
hors des caprices de sa volonté, tous
ces principes d'existence physique, tous
ces éléments de sa fécondité, elle lui
en a laissé, du moins, la disposition
la plus entière, l'usage le plus absolu ;
et de là ses droits à toutes les industries
dans lesquelles ces fluides peuvent être
employés, sauf, dans l'état social,
l'observation des règlements que la
prudence, l'économie, et souvent encore les avantages de l'industrie elle-
même, ont dû faire prescrire dans
l'intérêt de la société.

Du droit à la propriété accordé par la nature à l'homme isolé, s'est formé ensuite ce droit collectif, ce droit naturel qui est particulier aux royaumes, aux cités. Les hommes en société, les peuples individualisés jouissent, en effet, de droits naturels proportionnés à leur grandeur et à leur puissance, et c'est en vertu de ces droits que ces derniers possèdent des rivières, des fleuves, des ports de mer, qui ne sauraient appartenir à de simples particuliers, et même quelquefois de petites mers encloses dans les terres, lorsque cette possession devient nécessaire à leur sécurité.

C'est aussi à l'exercice de ce droit naturel qu'il faut faire remonter encore l'origine de ces vastes possessions territoriales connues sous le nom de *do-*

maine de la couronne, ou domaine de l'état.

Lorsque les tribus se furent multipliées sur la terre, les états se formèrent, les peuples s'organisèrent et des gouvernements furent établis. Chaque peuple eut alors son territoire fixe, et chaque famille son champ particulier; cependant restèrent encore des terres inoccupées, et ces terres, qui se composaient principalement de forêts, furent déclarées propriétés nationales; de là le domaine de la couronne, ou domaine public, de là ces terres vacantes et dont cependant nul aujourd'hui n'a le droit de s'emparer.

Au reste la propriété n'a pas toujours été ce qu'elle est aujourd'hui chez quelques peuples civilisés. Elle a eu ses commencements, ses progrès et ses vicissitudes, et encore aujourd'hui elle est loin de présenter partout les mêmes caractères de certitude et de perpétuité.

Fugitive et incertaine dans les temps de la vie nomade, ce n'est qu'à mesure que les peuples se sont formés qu'elle a pris elle-même un caractère fixe et déterminé. L'histoire de nos ayeux nous en fournirait, au besoin, une preuve remarquable. Tacite et César nous apprennent, en effet, que chez les Germains, peuples pasteurs et guerriers, les terres qu'ils cultivaient ne leur étaient concédées que pour un an et que chaque année ces concessions étaient renouvelées. (*)

_____

(*) *Ager pro numero cultorum*, dit Tacite, *ab universis per vices occupantur quos mox inter se secundùm dignationem partiuntur, facilitatem partiendi spatià præstant, arva per annos mutant et superest ager.*

L'usage des bénéfices sous nos rois
de la première race, d'abord temporaires, et puis héréditaires, formèrent
le second degré par lequel les tribus
germaniques arrivèrent successivement
à la véritable idée de la propriété;
mais, par l'introduction du fief, elle
ne tarda guère à dégénérer.

Dans les états purement despotiques
on n'a pas même une idée de la
propriété, car dans ces états elle ne
réside que sur la tête du prince, propriétaire exclusif de tous les fonds de
terre, et héritier immédiat de tous ses
sujets. Ses droits à toute propriété sont
si étendus, si abusifs, si absolus, qu'il
dépouille quand il lui plaît, celui qui
encourt sa disgrace, et que s'il laisse
quelque chose aux enfants d'un défunt,
c'est une grace qu'il leur accorde, et

non une dette dont il s'acquitte envers eux. Montesquieu dit qu'à Bantam (île de Java) « Lorsque le père meurt, le » roi prend toute la succession, même » la femme, les enfants et la maison, » et que pour éluder la plus cruelle » disposition de cette loi, on est obligé » de marier les enfants à 8, 9 ou 10 » ans, et même quelquefois plus jeu- » nes, afin qu'ils ne se trouvent pas » faire une malheureuse partie de la » succession de leur père. »

, Dégradée par le fief, dont le régime a été si longtemps général en Europe, ce n'est, au reste, que depuis notre régénération politique que la propriété a acquis parmi nous les véritables ca- ractères qui doivent la constituer ; mais aujourd'hui, d'après nos nouvelles lois, elle est si certaine, si positive, si absolüe, que, comme on l'a déjà remarqué, elle ne saurait admettre ni incertitude, ni suspension, ni division.

Elle n'admet point d'incertitude, car ce qui est incertain ne saurait produire d'effet présent, et que c'est sur un droit actuel, un droit vivant, pour ainsi dire, quoique intellectuel, que repose la propriété. Elle n'admet point de suspension non plus, car la suspension serait l'absence de tout droit et que ce qui n'est à personne appartient au premier occupant. Elle n'admet enfin, ni partage, ni division, parce que deux personnes ne sauraient avoir à la fois le droit exclusif de disposer du même objet.

Elle s'allie, toutefois, avec ce que les auteurs appellent en droit public *le domaine éminent*, la souveraineté, et

même avec l'expropriation pour cause
d'utilité publique, parce que ces deux
privilèges en faveur de l'état, en mo-
difiant la propriété, laissent toujours
subsister le principal objet de son utilité.

CHAPITRE SECOND.

DE LA TRANSMISSION DES BIENS.

Dans l'état de nature l'homme ne dispose point de sa propriété pour le temps où il ne sera plus. A quoi serviraient, en effet, ses dispositions de dernière volonté, sans un pouvoir quelconque pour les faire respecter. S'il meurt sans postérité, ses biens rentrent dans le domaine commun; s'il laisse des enfants ou des descendants d'eux, ceux-ci continuent d'en jouir, non comme ses successeurs ou ses représentants légitimes, comme on l'a communément pensé, mais en vertu d'un droit qui leur est personnel et que pendant la vie du père, mais avec son agrément, ils exercent avec lui. L'homme, en effet, dans l'état de nature, comme dans l'état social, se confond tellement avec la famille dont il est le chef, qu'il ne saurait rien acquérir que concurremment et simultanément avec elle. Aussi voit-on que, d'après notre droit civil, la succession d'un défunt n'est déférée à l'état, par droit de deshérence, qu'autant qu'il ne laisse aucun parent au degré successible, c'est-à-dire qu'autant que la famille, dans l'esprit de la loi, a cessé d'exister. (*)

_____

(*) L'unité de la famille, au reste, n'est pas une idée nouvelle, et elle est si vraie, que Platon disait que l'homme n'était maître ni de

Il suit donc de là que dans les successions qu'on appelle légitimes, non-seulement les enfants, mais tous les parents du défunt tiennent tout de la nature et non de la loi, et que celle-ci ne fait à leur égard que régler l'ordre dans lequel ils doivent succéder. —

Il en résulte aussi que la société civile ne doit pas être considérée comme une simple agrégation d'individus, mais comme une union de familles, puisque

---

lui-même, ni de son patrimoine, et que sa personne et ses bieus appartenaient à sa lignée, tant en montant qu'en descendant.

Platon, qu'on nous permette de l'observer en passant, reconnaissait donc l'existence des unités complexes, unités au moyen desquelles tant de mystères religieux et philosophiques peuvent être si facilement expliqués.

chacune d'elles conserve encore dans l'état social ses droits particuliers.

C'est pour n'être pas remonté jusqu'au principe de l'unité de la famille, que Montesquieu a méconnu les droits de celle-ci, lorsqu'il a dit « que si la « loi naturelle ordonne aux pères de « nourrir leurs enfants elle ne les « oblige pas de les faire héritiers. » (*)

En effet, les droits des enfants sur les biens de leurs pères ne résultent pas seulement de la volonté présumée de ces derniers, comme on l'a encore généralement pensé, mais principalement de l'unité morale que Dieu a établie dans la famille, unité d'après laquelle la fortune du père est un bien

---

(*) Montesquieu. *Esprit des Lois.* (Liv. 26. ch. 6.)

4

commun à tous ses enfants, comme la terre a été, dans le principe, un bien commun à tous les hommes. (*)

(*) Montesquieu déduit son opinion de ce que les partages et tout ce qui a trait aux successions est réglé par la société et par conséquent par la loi civile ou politique. « Or, dit-il, » si l'ordre politique ou civil, réclament souvent que les enfants succèdent aux pères, ils » ne l'exigent pas toujours. »

Ce n'est donc que dans quelques cas, que, *d'après le droit civil*, les pères, selon Montesquieu, ne seraient pas tenus de faire leurs enfants leurs héritiers. Mais qu'importe le droit civil lorsqu'il est question du droit naturel, et parce que les lois civiles ont réglé l'ordre des successions, s'ensuit-il qu'aucun droit antérieur n'ait précédé la loi civile? Mais s'il en était ainsi, si, d'après la loi naturelle, les enfants n'avaient eu aucun droit sur les biens de leurs pères, les lois de tous les peuples les auraient-

Ce n'est donc pas sans fondement que toutes ces lois, ou coutumes barbares, par lesquelles les filles étaient exclues du partage des biens de leurs pères, et toutes celles par lesquelles on entassait autrefois sur une seule tête la totalité, ou la presque totalité des biens d'une famille, ont été bannies de nos codes, comme spoliatrices, et uniquement inspirées par l'orgueil et la vanité.

Mais, si la vanité seule ne saurait autoriser les pères à priver leurs enfants

---

elles appelés à les recueillir, et n'est-ce pas, au contraire, parce que ces droits étaient auparavant manifestes, incontestables, que toutes les législations civiles les ont consacrés.

Nous oublions souvent, que, comme les jugements, les lois, en général, ne sont pas attributives, mais seulement déclaratives de droits préexistants.

dos droits que la nature leur rend communs avec eux, l'inconduite de ces derniers, leur ingratitude envers les auteurs de leurs jours, devaient-elles, dans tous les cas, trouver dans nos nouvelles lois l'assurance de leur impunité? L'enfant rebelle, l'enfant dénaturé, avaient-ils quelque part à la sollicitude générale, qui, vers la fin du dernier siècle, se manifesta si vivement en faveur des puinés? Enfin, l'égalité, dans les partages entre enfants, ne pouvait-elle être rétablie, sans l'anéantissement complet de la puissance paternelle, sans enlever aux pères le droit do punir eux-mêmes, dans leurs propres familles, les outrages secrets dont ils auraient été l'objet. (*)

(*) On comprend que nous voulons parler ici de l'exhérédation.

On a dit contre ce droit que la peine, infligée au coupable retombait sur ses enfants innocents, mais n'en est-il pas de même de toutes celles prononcées par nos lois pénales, et faudrait-il pour cela, consacrer l'impunité?.

On a dit aussi que les scandales que produisaient les plaintes d'*inofficiosité* portaient à la puissance paternelle de plus graves atteintes que le principe le plus absolu d'égalité. (*) Mais ces inconvénients, en les supposant vrais, étaient-ils insurmontables et n'y avait-il aucun moyen de les éviter? Des tribunaux de famille, des jugements à huis

(*) Exposé des motifs présentés au corps législatif par M. Bigot-Préameneau sur le titre des donations entre vifs et des testaments.

clos, des arbitrages forcés, n'auraient-
ils pu prévenir les scandales des plaintes d'inofficiosité ? Des reserves enfin
en faveur des petits fils n'auraient-elles
pu les mettre également à l'abri du
danger dont on voulait les préserver ?

On a dit enfin que de l'exhérédation
résultait une flétrissure dont les effets
s'étendaient inévitablement sur toute la
vie de l'exhérédé; mais valait-il mieux,
quelle que fût sa conduite, le garantir
de toute crainte, l'appuyer dans sa
désobéissance, et, la loi à la main,
lui permettre de braver son père? Valait-il mieux enfin rompre toute espèce
de frein légitime du père aux enfants,
mettre l'anarchie dans la famille, et
exposer les pères à tous les dangers
qu'ils courent si souvent envers des
enfants mutinés?

Nous venons de considérer les droits de la famille en ce qui touche la possession et la transmission des biens en général, et l'unité morale, que la nature nous offre en elle, a suffi pour les caractériser ; mais ces principes sont loin de trouver leur place dans les transmissions de même nature envers des étrangers, car non-seulement la nature n'indique rien à ce sujet mais elle semble même y être opposée. Aussi a-t-on dit, en défendant les droits naturels, que si l'on devait concéder à l'homme le droit d'acquérir, on ne saurait lui accorder du moins celui de transmettre sa propriété à un autre. Mais qu'y a-t-il de fondé, ou tout au moins d'utile, dans cette dénégation formelle du droit de tester ?

On peut dire, sans doute, contre cette faculté que l'admettre c'est renoncer en quelque sorte au pouvoir d'administrer, laisser prévaloir la volónté particulière sur la volonté générale, permettre, en un mot, de donner à quelques-uns ce qui appartient à tous. Mais ce don est-il toujours purement gratuit, ou dénué d'utilité publique, et n'est-il pas certain, au contraire, que si les dispositions d'un défunt, qui ne laisse aucun parent au degré successible, ne sont pas pieuses ou fondatrices, elles sont toujours plus ou moins rémunératoires. Il y aurait donc dans la défense de tester injustice dans certains cas, et peu d'avantages à espérer d'autres. Qui sait même, si, trop absolue, en émoussant le désir d'accroître les fortunes arrivées à un certain degré, cette défense ne tournerait pas même au préjudice de cet intérêt public qu'on chercherait à protéger.

D'un autre côté serait-il rationnel
aussi de défendre par dispositions de
dernière volonté, ce qu'on ne pourrait
défendre par des actes entre vifs pro-
duisant le même effet? Et n'est-il pas
sensible enfin que par cette défense on
ne saurait atteindre le but qu'on se
proposerait.

Quant à la faculté de donner entre
vifs ou d'aliéner à volonté, on conçoit
facilement qu'il n'y aurait point de véritable propriété sans une entière liberté
d'user de ces deux facultés (*).

(*) On ne saurait s'occuper de la transmission des biens et du droit de tester, sans
songer aux inextricables difficultés où nous
ont jeté les inconciliables dispositions des
articles 913 et 1094 du code civil. Témoin,
tous les jours, des fâcheux effets de cette évidente antinomie, nous avons essayé d'attaquer
cette difficulté, et on trouvera à la suite de cet
ouvrage la pétition qu'en 1846, nous avons
adressée à ce sujet à la chambre des députés.

TITRE SECOND.

DES FACULTÉS DE SE MOUVOIR ET DE SE REPRODUIRE.

CHAPITRE PREMIER.

DE LA FACULTÉ DE SE MOUVOIR OU DE LA LIBERTÉ.

De la faculté de se transporter d'un lieu dans un autre ; d'agir en tout sens suivant sa volonté, plus encore que de son libre arbitre, a dû naître pour

l'homme le sentiment naturel de sa
liberté. Mais est-ce dans l'état de nature ou dans l'état social que l'homme
a joui de sa liberté ?

Quels que soient nos préjugés à ce
sujet, l'homme n'est pas libre dans
l'état de nature, car l'ordre des saisons,
les aspérités du globe, l'âpreté des
climats, apportent sans cesse des con-
trariétés à ses désirs, des obstacles à
sa volonté. L'homme n'est pas libre
dans l'état de nature, car, comme
Hobbes l'a dit avant nous, la liberté
de tous réduit à peu de chose celle de
chacun en particulier.

Dans cet état, sans doute, l'homme
n'est pas soumis à l'homme et ignore
entièrement le frein de la loi, la gêne
des autorités, l'importunité du commandement; mais aussi où trouve-t-il

sa protection contre les injustices, son
appui contre la force, ses défenseurs
contre ses ennemis? Dans cet état, sans
doute, l'homme n'a pas à supporter
l'orgueil de son semblable, son dédain,
ou son mépris, mais est-il à l'abri de
ces tyrans féroces, qui, de temps en
temps, surgissent dans le monde, et
qui, dans l'état de nature pullulent
encore plus que dans l'état social?
Dans l'état de nature enfin l'homme ne
saurait éprouver les tourments de l'ambition, ni le besoin de la gloire, mais
est-il à l'abri des feux impétueux de
l'amour, des accès de la colère et des
fureurs de la vengeance, et toutes ces
passions, que rien alors ne modifie,
ne sont-elles pas chez lui plus ardentes
encore que dans l'homme civilisé?

Ecartons donc, pour une bonne fois,

tous ces prestiges mensongers d'indépendance et de liberté dont on a voulu
gratifier l'homme sauvage au détriment
de l'homme civilisé, et reconnaissons
enfin qu'il n'y a eu de véritable liberté
pour lui, que lorsque débarrassé des
soins importuns de son existence et de
l'ascendant que ses premiers bienfai-
teurs avaient pris sur lui, il a tracé
lui-même la règle des devoirs auxquels
il entendait s'astreindre.et la limite des
pouvoirs de ceux qu'il élevait au-dessus de lui.

Mais en quoi consiste la liberté de
l'homme, quelles sont ses limites, et
quel est le gouvernement sous lequel
il jouit de la plus grande liberté?

Eclairée par la raison, cette lumière
que Dieu nous a donnée pour guide,
la liberté de l'homme n'a jamais été

5

sans limites, et dans l'état de nature comme dans l'état social, elle a trouvé son frein dans cette loi primitive qu'on a appelé la loi naturelle, loi générale, loi parfaite, invariable, et à laquelle tout le génie de l'homme ne saurait rien ajouter.

De cette loi est née la maxime *qu'il ne faut pas faire aux autres ce que nous ne voudrions pas qui nous fût fait.* Or, outre le précepte qui, s'adressant au cœur de l'homme, lui rappelle si simplement le premier devoir de l'humanité, cette maxime, en s'adressant à son esprit, lui fait connaître aussi la juste mesure de sa liberté.

D'après la raison, loi primitive de l'homme, sa liberté naturelle ne consiste donc qu'à pouvoir faire ce qui ne lèse personne et ne porte aucune atteinte au droit ou à la liberté d'autrui!

Telle est aussi celle de l'homme en
société, car si dans son intérêt privé,
comme dans celui de son espèce, l'homme dans cet état, a du renoncer à une
liberté devenue pour lui presque infructueuse, celle de prendre sa nourriture partout où bon lui semblait ;
si pour s'assurer de l'exercice de ses
droits réellement utiles, il a dû renoncer, à jamais, à ceux dont alors il n'avait
plus que faire, il est loin d'avoir par
là porté quelque atteinte réelle aux véritables prérogatives de l'humanité. La
noble indépendance de son caractère
n'a pu même qu'y gagner, car en lui
assurant l'usage des droits, qui, seuls,
pouvaient lui importer, droits incertains jusque-là, la loi civile, au lieu
de la restreindre, a incontestablement
augmenté sa liberté.

Quant à la forme du gouvernement civil, elle est peu essentielle à la liberté, et sous quelque gouvernement qu'il vive, l'homme qui n'est soumis qu'à la droite raison, jouit de toute la liberté pour laquelle il est né. (*)

(*) Pourrait-il, en effet, se plaindre, par exemple, de ce que les lois de police ou de sûreté l'obligent, en société, à fournir une preuve légale de sa bonne conduite, partout où, faute d'être connu, sa présence pourrait porter quelque ombrage.

CHAPITRE SECOND.

—

DU MARIAGE.

Le mariage, incontestablement d'institution divine, remonte évidemment à la création de l'homme et de la femme, et s'il se compose de deux êtres physiques, il ne devait, dans la pensée du créateur, former qu'un seul être moral. (*) Comme moyen de reproduction, il existe, au surplus, dans toute la nature; on le trouve, en

---

(*) Vide la neuvième loi providentielle.

effet, chez les animaux comme chez les hommes, dans les plantes, comme chez les animaux. Dans les plantes, il produit les fruits, chez les hommes et chez les animaux, il perpétue les espèces et, par une succession constante d'un être à un autre, il donne au monde cet air de jeunesse et cette teinte de fraîcheur, qui, variant sans cesse, paraît toujours la même, et dont le temps seul pourra marquer la durée. Mais c'est chez l'homme seulement que le rapprochement des sexes mérite le nom de mariage. Ce n'est pas, en effet, pour un instant seulement que l'homme s'unit à la femme, comme la plante à la plante, l'animal à l'animal ; son union a pour but, outre la reproduction de son espèce, une vie commune, un lien permanent, une société enfin dans la-

quelle les époux se prêtant sans cesse
un mutuel secours, confondant leurs
plaisirs, et partageant leurs peines, se
livrent, en quelque sorte, à une seule
et même destinée.

Si dans les premiers âges de la vie
de l'homme son union avec la femme
n'a pu être précédée, comme elle
l'est aujourd'hui, des publications les
plus solennelles, et environnée des
cérémonies les plus saintes, on ne
saurait supposer, toutefois, comme
l'a fait Jean-Jacques Rousseau, qu'elle
n'ait été d'abord qu'une rencontre for-
tuite de l'homme et de la femme dans
laquelle, *le feu des sens une fois éteint,
ils se quittaient pour ne plus se revoir.*
L'homme, en effet, n'a été rencontré
nulle part dans cet état d'isolement et
de vie animale dans lequel Jean-

Jacques Rousseau a voulu le représenter, et, au dire de tous les voya-
geurs, assis, au contraire, au foyer
domestique, le sauvage, comme l'homme civilisé, jouit en paix des douceurs
du ménage, des joies de la famille,
et du charme de la paternité. (*)

(*) Quand on réfléchit à cette erreur, si
manifeste, de Jean-Jacques Rousseau sur l'état
primitif de l'homme, erreur à laquelle on
doit attribuer ses plus grands paradoxes, on
reconnaît bientôt qu'elle n'est venue chez lui
que de ce qu'avant même les récentes découvertes de la géologie, il s'était fait de
l'antiquité du monde une idée assez semblable à celle que nous en avons aujourd'hui.
Voyant, en effet, alors, le peu de progrès que
l'homme avait fait dans certaines contrées, il
l'a supposé dès son origine, et non sans quelque motif, dans un état peu différent de celui
de la brute ; mais Rousseau ignorait, sans

Si aucun monument historique, aucune tradition des cérémonies publi-
ques, qui, dans les premiers temps de
l'homme, ont dû présider à son union
avec la femme, ne sont arrivés jusqu'à
nous, nous voyons, toutefois, que
dans les temps les plus reculés elle
était déjà couverte de ce voile de la
pudeur, d'où dérivait, chez les Romains,
le nom de *nuptiæ* qu'ils donnaient à
léurs mariages, et d'où, par conséquent, dérive aussi celui de *noces* que
nous donnons aux nôtres. Nous voyons
aussi, et l'histoire sainte en fournit plusieurs exemples, que dès-lors les maria-

---

doute, ce que nous savons tous aujourd'hui,
que si l'existence du monde remonte à des
temps excessivement éloignés, l'homme n'est
que d'une époque infiniment plus rapprochée.

-ges étaient célébrés à la porte des villes, et en présence de leurs habitants, parce qu'on n'avait pas encore de forme plus authentique, ni d'autre manière de constater les conventions. Nous voyons enfin que dans ces temps reculés, comme dans les nôtres, ils étaient déjà l'objet de certaines spéculations entre les contractants, témoin les accords qui eurent lieu entre Laban et Jacob pour le mariage de Rachel, et entre Moïse et Jétro pour celui de Séphora.

Ce n'est pas non plus dans l'homme de la nature qu'on pourrait rencontrer ces goûts corrompus, ces goûts asiatiques qui repoussent le mariage, ou qui, pour en augmenter les jouissances, en détruisent la réalité (*). Plus on re-

_____

(*) Si, en effet, pour étaler leur luxe, les hommes, dans d'autres contrées, ont dédai-

monte , en effet , vers les premiers âges
do la vie humaine, plus on est ravi
de l'ordre et de l'harmonie qui existaient
dans la famille , et des douceurs qui
en résultaient.

Quant aux devoirs des pères envers
leurs enfants, imposés par la nature ,
ils portent avec eux l'attrait qui, dans
tous les temps, a dû les faire aimer,
et conformes à la raison de l'homme,
c'est dans leur accomplissement qu'il
trouve sa félicité. Cela est si vrai qu'aus-

---

gné le culte que nous rendons à la fidélité ,
qu'ils nous disent si c'est dans des *harems*,
dans ces bazars de leurs plaisirs, qu'ils trouvent le dédommagement de cette affection réciproque qui résulte pour nous des liens du
mariage, et dont leur inconstance les a toujours privés.

sitôt qu'il se sent renaître, toutes ses
affections, tous ses sentiments de tendresse, se concentrent sur ses enfants,
que tous ses soins, tous ses vœux sont
pour eux, et qu'à mesure qu'il avance
dans sa carrière, leur existence lui
devient même plus précieuse que la
sienne, parce qu'elle s'embellit pour eux
des charmes d'un avenir qui n'existe
plus pour lui.

Le bonheur des enfants ne résulte
pas moins de l'accomplissement des
leurs à l'égard de leurs pères. Ils le
trouvent dans cette obéissance, toujours
douce, et dont ils sont assurés de trouver la récompense dans l'amour pater-
nel, dans cette déférence et ce respect
envers eux, qui les honore également,
dans tout le culte enfin de la piété
filiale, dont le tendre exercice appelle

sur les familles la protection des hommes et les faveurs du ciel (*).

————— ◄◆► —————

(*) Quand on songe à toutes les douceurs, à tous les charmes qui existent dans la famille, on a peine à comprendre comment il a pu se rencontrer des esprits assez dégradés pour songer à la détruire. C'est cependant encore là l'une des doctrines nouvelles contre lesquelles il a fallu s'armer.

TITRE TROISIÈME.

DE L'OBLIGATION DE VEILLER A SA CONSERVATION.

De l'obligation de veiller à sa conservation qui résulte pour l'homme, non-seulement de tous les instincts de la nature, mais encore des dons qu'elle lui prodigue et des facultés dont elle l'a doué, doit s'induire, en premier lieu, la défense divine d'attenter à l'existence qui lui a été donnée.

Les sophismes, sans doute, ne manqueront jamais au suicide, mais en est-il quelqu'un qui puisse, un seul instant, rassurer la conscience de celui qui médite en son âme le sinistre projet de se priver de la vie.

Dieu, dit le suicide, me prescrit de mourir puisqu'il me rend la vie insupportable. Mais si tel était l'ordre qu'il voulut vous donner, votre vie n'est-elle qu'entre vos mains, et n'est-elle plus dans les siennes? Ne peut-il en disposer à sa volonté, et le concours de la vôtre est-il indispensable à l'exécution de ses suprêmes décrets. En vous privant de la vie, ce n'est donc pas à sa volonté mais à la votre que vous obéissez; or, quelle énorme responsabilité ne prenez-vous point sur vous-même?

La nature a ses lois, à l'insecte qui meurt, un insecte succède, nulle place ne reste jamais vide, et de la succession des êtres, de la chaîne qui les lie les uns aux autres, résulte cet ordre parfait, cette harmonie universelle, qui élève la pensée jusqu'à son créateur. Mais si tout est lié, si tout est coordonné dans la nature, si, d'après un ordre préexistant, à l'être qui meurt un autre doit succéder, la mort volontaire n'est-elle pas l'acte le plus répréhensible, l'infraction la plus coupable à ses divines lois ! Aussi quelle émotion profonde dans le cœur de l'homme lorsque l'ordre établi par la nature a été interverti par un suicide, et que la chaîne qui lie tous les êtres se trouve interrompue par quelque acte particulier de notre volonté. (*)

_____

(*) L'idée de cette chaîne par laquelle tous les êtres sont liés les uns aux autres, a, de tous

Votre douleur, dites-vous, est insupportable, mais est-ce votre corps ou
votre ame qui souffre, et si ce n'est que
votre esprit, en répandant votre sang,
ou vous privant tout autrement de la
vie, êtes-vous assuré de le tranquilliser?
La fin déplorable à laquelle vous vous
déterminez est-elle, d'ailleurs, de nature
par elle-même, à vous faire espérer, avec
quelque confiance, un repos que les
âmes les plus tranquilles n'osent se
promettre dans une autre vie? Et si,
enfin, celle-ci n'est qu'une épreuve,

---

les temps, frappé les esprits les plus réfléchis.
Elle formait la base de tout le système cosmo-
gonique de Leibnitz, et c'est de cette chaîne
qu'il déduisait ses deux grands principes *qu'il
n'est pas d'effet sans cause, et que rien n'existe
sans une raison suffisante.*

comme tout porte à le penser, n'est-ce pas renoncer volontairement au prix qui doit un jour en être la récompense, que se refuser à la supporter.

La folle vanité de montrer du courage, de faire preuve d'énergie, aurait-elle quelque part à la destruction que vous méditez? mais reportez vos regards en arrière, rappelez-vous ce que vous avez vu après de tels excès? Est-ce le courage que l'on a admiré dans celui qui n'a pu survivre à la perte de sa fortune, ou aux affronts dont on l'a humilié? Mais allons plus loin et suivez ce convoi funèbre qui, presque malgré lui, accompagne à son dernier asile celui que vous ne craignez pas de vouloir imiter. Que voyez-vous, quel est le spectacle qui vient vous frapper? partout des cœurs serrés, des visages

sombres, des regards incertains et mal
assurés, et pas une bouche qui puisse
faire entendre une parole consolante,
laisser tomber quelque fleur sur la
tombe d'un tel infortuné.

Tout repousse donc le spectacle de
la mort volontaire, l'instinct, la raison,
le sentiment universel, le cri de la conscience, et plus que tout cela, la violence que le suicide se fait à lui-même
pour se priver de la vie.

Si quelquefois, cependant, on a
exalté parmi les hommes la constance
politique, le courage, la fermeté, dont
quelques âmes privilégiées ont donné
l'exemple au monde, en préférant la
mort à l'asservissement de leur pays,
si enfin la mort de Caton d'Utique,
et celle de Thémistocle, qu'on ne saurait
oublier, ont paru sublimés à quelques

esprits, que faut-il en induire en faveur du suicide, et qu'y a-t-il de commun entre celui qui se donne la mort pour échapper aux misères de la vie, et celui qui, fesant abnégation de lui-même, ne vivant que pour les autres, plutôt que de donner un exemple funeste, s'immole pour son pays ?

La mort de Socrate a-t-elle aussi quelque rapport avec le suicide, et parce que Socrate a préféré mourir plutôt que se soustraire aux lois de son pays, ou même, si l'on veut, aux vengeances de ses ennemis, pourrait-on l'assimiler au suicide, lui qui en combattait les sophismes à l'instant même où il allait mourir.

Le suicide n'a donc point d'exemple à citer dans le monde, et indépendamment des souvenirs amers qu'il lègue à sa famille, à ses amis, à son pays,

l'on ne saurait voir dans son action
cruelle qu'un meurtre volontaire, qu'un
homicide commis sur sa personne, toujours affreux en lui-même, et rarement
même jugé digne de pitié. Presque toujours, en effet, aux plus tendres affections, aux plus douces sympathies qu'il
inspirait pendant sa vie, succède, après
sa mort, une morne et froide indiffé-
rence, car tel est le sentiment que le
suicide laisse toujours après lui.

Concluons donc que de l'obligation
de veiller à sa conservation résulte
pour l'homme la défense divine d'attenter à sa vie. Mais ce n'est pas tout, et
de cette obligation résulte aussi pour lui
le droit le plus indéfini de résister à
la violence et de se défendre contre
ses ennemis. Voyons donc maintenant
ce qui lui est permis pour la défense
de sa vie.

CHAPITRE PREMIER.

DE LA DÉFENSE DE SOI-MÊME OU D'AUTRUI.

L'instinct seul apprend aux animaux à se servir, pour se défendre, des armes dont la nature les a quelquefois si avantageusement pourvus, l'homme, si haut placé dans l'échelle des êtres, ne saurait donc être privé de cette faculté, car, si, pour son compte, il ne possède rien qui semble spécialement destiné à sa défense, il est doué d'un génie inventeur qui supplée à tout le reste et lui assure partout la supériorité pour laquelle il est né.

L'homme a donc le droit de repousser la force par la force, et même, s'il n'a pas d'autre moyen de conserver sa vie, celui de donner la mort à son ennemi. Mais il faut alors que le danger soit *actuel*, et même *imminent*. Actuel, car après le danger, la défense perd ce caractère et prend celui de la vengeance qu'aucune loi naturelle ni civile ne saurait autoriser. Et imminent, car tant qu'il reste à l'homme quelque espérance d'échapper au danger, c'est à cette espérance qu'il doit se confier.

On s'est demandé cependant si la défense était permise à l'égard de tout le monde, si elle l'était envers ses père et mère, si elle l'était même envers

les personnages dont l'existence intéresse l'état.

—A l'égard des pères et mères il suffit
de porter un cœur d'homme pour être
bien convaincu qu'aucune défense ne
saurait être légitime envers eux. Quel
est, en effet, l'enfant dénaturé, qui, —
pour quelque légère offense, pour un
tort même quel qu'il fût envers lui,
voudrait s'exposer à donner la mort à
celui duquel il a reçu la vie? En trans-
mettant aux pères envers leurs enfants
une partie de son pouvoir sur eux,
Dieu a imprimé sur leur front un rayon
de sa majesté divine et l'enfant qui le
méconnaît jusqu'à porter sa main sur
l'auteur de ses jours, commet, tout à
la fois, un crime et une impiété. Aussi
tous les législateurs jusqu'à la loi sur
les *circonstances atténuantes*, ont-ils

rejeté toute espèce d'excuse pour un pareil forfait. Et où trouver, en effet, quelque motif légitime pour excuser un fils d'avoir donné la mort à son père? Serait-ce dans une provocation, toujours si éloignée de l'esprit d'un père qui inflige à son fils le châtiment qu'il croit qu'il a mérité? Serait-ce dans sa dissipation, ou son inconduite, si malheureusement il avait de tels déréglements à se reprocher? Mais est-ce à un fils à juger la conduite d'un père, et, dans tous les cas, ne doit-il pas jeter un voile sur ce qu'il ne saurait approuver?

Dans des temps, sans doute, bien différents des nôtres, les Romains, autrefois, avaient donné aux pères droit de vie et de mort sur leurs enfants; c'était un droit barbare, mais qu'auraient dit

6

les Romains si on leur eût demandé,
si, pour sa défense, un fils pouvait
donner la mort à son père? qu'aurait
dit Solon, surtout, lui qui n'avait pas
cru qu'un pareil crime fut possible,
si on lui avait appris qu'un peuple pen-
serait un jour qu'un pareil forfait pouvait même être excusé (*).

Nous ne nous étendrons pas ici sur
les supplices inventés autrefois pour
punir le parricide, mais si un tel crime
inspirait tant d'horreur aux peuples
qui nous ont précédé, comment se fait-
il donc qu'il en inspire si peu aujour-

(*) C'est cependant ce qui arrive tous les
jours parmi nous, et l'on compte maintenant
plus de soixante parricides aux bagnes, où
ils attendent de Dieu la justice qu'ils n'ont pas
reçu des hommes.

d'hui? La nature est-elle changée, ou est-ce aux coups portés à la puissance paternelle qu'on doit l'attribuer?

Quant aux personnages dont l'existence intéresse l'état, la nature, sans doute, n'a rien prescrit à leur égard, et la défense est de droit naturel. Cependant il sera toujours beau de savoir pardonner l'injure, de savoir surtout en faire le sacrifice au salut de son pays. *Frappe, mais écoute,* dit Thémistocle à Euribiade dans la délibération qui précéda le combat de Salamine, et nous avons tous admiré sa grande âme. Oui il était grand ce digne chef des Athéniens, qui, ne voyant que le salut de ses concitoyens, souffre qu'on le frappe pourvu qu'il sauve son pays.

Mais pour être légitime, il ne suffit pas que la défense soit commandée par une actuelle nécessité, il faut encore, — comme la raison l'indique, qu'elle soit proportionnée au genre d'attaque dont on est l'objet. On ne saurait s'en servir, en effet, comme moyen ou occasion de nuire, mais uniquement pour repousser le danger dont on est menacé. Tout ce qui va au-delà, tout ce qui, volontairement du moins, excède cette juste mesure, est une nouvelle violence, et cette violence ne saurait être excusée.

Mais la défense de soi-même n'est pas la seule que la nature nous impose. De la pitié, source de tant de vertus, de son horreur pour la violence, de ses émotions profondes à la vue du sang qu'on verse devant lui, naît aussi pour l'homme, non-seulement le droit, mais le devoir même de prendre la défense d'autrui. Cette défense est donc aussi

légitime que celle du soi-même, et dic-
tée par les sentiments les plus nobles
de l'homme, la bienveillance et l'humanité, par son désintéressement, par sa
générosité, elle s'élève souvent au rang
des actions honorables et dignes des
éloges de tous les amis de l'humanité.

Mais pour être honorable, pour mériter cet intérêt qui s'attache toujours à
une action louable, elle ne doit consis-
ter que dans l'accomplissement pur et
exact d'un devoir de justice et d'humanité, c'est-à-dire n'avoir d'autre but que
de porter secours au faible et l'arracher
au péril dont il est menacé, être pure
surtout de tout sentiment de haine ou
de vengeance, car elle ne saurait, non
plus, servir de prétexte à des violences
déguisées, des représailles intempesti-
ves, des animosités cachées.

Elle doit aussi, comme la défense personnelle, être toujours appelée par une nécessité pressante et actuelle; comme la défense personnelle, enfin, elle doit se renfermer encore dans les justes limites qui lui sont tracées par la justice et par l'humanité.

CHAPITRE SECOND.

DE LA DÉFENSE DE SES PROPRIÉTÉS.

Dans l'état de nature, comme dans l'état social, la propriété se lie toujours plus ou moins à l'existence humaine ; mais dans l'état social, elle est si nécessaire à l'homme, que lorsqu'elle est modique, en défendant son bien, il croit presque défendre sa vie. On sera donc peu surpris de nous voir passer de la défense de soi-même à la défense de ses propriétés.

Dans les premiers âges de la vie humaine, l'homme jouissant de tous les

fruits de la terre, mais ne possédant
réellement que ceux qu'il en avait déta-
chés, que ceux qui, pour ainsi dire,
pouvaient tenir dans sa main, peu de
difficultés entre les hommes ont dû s'é-
lever sur la propriété. Il était, en effet,
facile à chacun de retrouver bientôt un
arc et une flèche, et même une cabane,
si on venait à la lui enlever. Après le
temps de la chasse, et lorsque quelqu'un
se vit maître d'un troupeau, les contes-
tations, sans doute, furent bien plus
sérieuses, et il est vraisemblable que le
lieu du combat resta souvent ensan-
glanté, mais c'est surtout lorsque ayant
défriché un champ, l'ayant arrosé de
ses sueurs, et peut-être de ses larmes,
un cultivateur se vit troublé dans cette
propriété, que les combats durent être
opiniâtres, et le plus souvent devenir

meurtriers. Mais alors aussi la loi civile
ne dut pas tarder à paraître, et l'un de
ses premiers soins dut être, sans doute,
d'apprendre à l'un quel serait le danger
auquel il s'exposerait en attaquant la
propriété de l'autre, et à celui-ci quelle
devait être la résistance, qu'en pareil
cas, il pourrait opposer.

« Si le voleur, dit Moïse, est trouvé
» commettant une effraction pour s'in-
» troduire dans une maison et qu'il
» meure de la blessure qui lui aura
» été faite, l'auteur de cette blessure
» ne sera pas coupable de meurtre ;
» mais s'il a été frappé après le lever
» du soleil, il sera considéré comme
» meurtrier et puni de la peine infli-
» gée à ce dernier. » (*)

_____

(*) La distinction des vols commis pendant le
jour, de ceux exécutés pendant la nuit, est

Mais ce n'est pas la loi civile seulement qui est venue prêter son appui

---

donc d'origine très-ancienne. Elle est aussi
très-générale, on la trouve, en effet, dans les
lois de Solon, comme dans celles de Moïse,
dans les lois romaines, comme dans les notres.
Si nox furtum faxit, disait la loi romaine, *si*
im aliquis occisit, jure cæsus esto. (**)

La raison de cette différence est facile à
comprendre, elle est prise de ce que pendant
le jour il est toujours plus facile de se procurer
du secours, et cela est si vrai, quant à la loi
romaine, que lorsque celle des douze tables fut
modifiée à Rome, et qu'il ne fut plus permis de
donner la mort au voleur, qu'autant qu'il oppo-
sait de la résistance, *si se telo defensit,* l'ancienne loi fut maintenue pour les habitants des
campagnes, parce que là il est toujours moins
facile de se procurer du secours.

(**) Ces mots sont écrits tels qu'on les lisait dans la loi
des 12 tables.

à la propriété, partout, en effet, la loi
divine a devancé la loi civile, et il n'est
pas de *décalogue* dans le monde qui
ne contienne la défense formelle d'attenter au bien d'autrui. C'est vainement
même qu'on invoquerait ici les usages des
Spartiates, où les lois singulières qui
régissaient ce pays. Ce n'était pas le vol,
en effet, mais le simple maraudage qui
était permis à Lacédémone, et aux enfants seulement, encore même était-il
toujours puni lorsqu'il était connu, on
prétendait seulement, mais dans des vues
particulières, que ce n'était pas le vol
mais la maladresse que l'on punissait.

Mais l'extrême indigence, la nécessité actuelle de pourvoir à sa subsistance, ne donnent-elles aucun droit à
l'homme, et la loi de la propriété
oblige-t-elle dans les cas d'une extrême
nécessité?

Quelle que soit la loi civile à laquelle l'homme s'est volontairement soumis, on ne saurait nier, sans doute, qu'il ne conserve toujours un droit naturel à la subsistance; mais l'industrie des uns remplaçant maintenant la propriété des autres, dans quelles conditions doit-il se trouver, pour pouvoir invoquer un droit auquel nécessairement il a dû renoncer; la pauvreté, l'indigence même pourraient-elles l'y autoriser, alors que, si souvent, ce n'est qu'à lui-même qu'il doit les imputer? Non, sans doute, car après avoir dissipé son bien, on ne saurait avoir le droit de s'emparer de celui d'un autre (*).

_____

(*) Platon disait qu'on ne devait aller puiser de l'eau au puits de son voisin qu'après avoir creusé le sien jusqu'au tuf, et Solon qu'après l'avoir creusé jusqu'à 10 coudées.

Mais en est-il de même lorsque la disette est générale et qu'elle provient de causes qu'il n'a pas été en son pouvoir de prévenir, ni d'empêcher?

Dans les cas de disette extrême, disent quelques auteurs, dans les cas d'une extrême nécessité, il ni a point de vol, mais, ajoutent-ils, il ne faut pas cependant que la nécessité soit égale de part et d'autre, car alors la balance de la justice pencherait toujours du côté de la propriété.

Mais comment s'assurer si la nécessité n'est pas égale de part et d'autre? et si, pour cela, il faut nécessairement s'en remettre à la conscience de celui que justement on suppose intéressé, que devient un droit qui ne peut être exercé que de l'aveu même de celui contre lequel il est réclamé? évidemment il disparaît. Il s'agit donc moins ici d'un droit à exercer d'un côté, que d'un devoir à remplir de l'autre, car, comme le dit Cicéron, dans quelque position qu'un homme puisse se trouver, il ne saurait avoir le droit d'enlever le pain de la main d'un autre. Or, ce devoir est celui que la raison, la conscience, l'humanité, et surtout notre évangile, nous prescrivent de pratiquer, la charité. (*)

(*) Le droit au travail, sous le nom duquel, aujourd'hui, on ne défend évidemment que le droit à la subsistance, ne saurait avoir ni plus de force ni plus d'étendue que ce dernier. On ne peut pas plus, en effet, obliger quelqu'un à donner du travail, malgré lui, qu'à donner du pain ou de l'argent. L'un ne serait, ni moins injuste, ni moins dangereux que l'autre. La

Si, comme Hobbes l'a dit, l'homme
était naturellement méchant ; si, comme il le dit encore, il se refusait
constamment à rendre aux autres des
services auxquels il ne se croit pas
obligé, ce devoir, sans doute, serait
mal rempli ; mais sans parler ici de
cette hospitalité si ancienne parmi les
hommes et toujours si honorée, de ces
établissements de bienfaisance et d'humanité qu'on trouve partout, dans nos
petites comme dans nos grandes cités ;
que faut-il donc penser de ce sexe si

propriété est un droit si positif, si absolu, que
sous quelque prétexte qu'il fut permis de l'attaquer, elle ne pourrait subsister. Elle ne vit
qu'autant qu'elle est invulnérable, et si elle
courait même le moindre danger, on ne tar-
derait guère à en ressentir les funestes effets.

charitable, qui, sans autre stimulant que
sa bienfaisance naturelle, son amour
pour l'humanité, lutte sans cesse, lutte
sans relâche, contre tous les besoins
du pauvre ; contre toutes ses infirmités
et toujours plus ingénieux à mesure que
les misères augmentent, ne laisse nulle
part ni le malheureux sans consolation
ni l'indigent sans le pain de la charité

CHAPITRE TROISIÈME.

DE LA DÉFENSE DES BIENS INTELLECTUELS.

Qu'on nomme honneur dans l'homme cet amour de la justice qui se sent blessé de tout ce qui touche au plus léger appendice du culte qu'il a inspiré, ou cette juste estime qu'il a de lui-même, par le sentiment de sa dignité, toujours est-il que, pour lui, l'honneur est un bien qui lui est encore plus cher que la vie. De là cette grande question morale si pour sauver l'un il peut exposer l'autre, si, pour sauver son honneur, il peut sacrifier sa vie?

La morale et la religion, nous l'accordons sans peine, ne sauraient approuver un combat singulier, mais nous le répétons encore, le duel, sans de nouvelles lois, ne saurait cesser d'exister. Qui ne sent, en effet, que toutes celles que, jusqu'à présent, on a pu imaginer contre les atteintes à l'honneur de l'homme, à sa délicatesse, à sa dignité, sont presque insignifiantes, ou sont loin, du moins, de répondre efficacement aux besoins de la société. Ce qu'elles défendent, en effet, dans des lieux publics, dans de nombreuses assemblées, ne peut-on le faire, ne le fait-on pas tous les jours, par des voies obscures, secrètes, détournées. Ce qu'on ne pourrait faire par des paroles explicites, ne le fait-on pas aussi par des allusions intelligibles, des pointes acérées ?

L'insuffisance des lois existantes pour protéger l'honneur de l'homme est donc manifeste, or, que pourraient dès-lors contre le duel toutes les défenses de la loi civile, toutes les peines même dont on voudrait l'effrayer? L'honneur connaît-il des dangers? En est-il même pour des amours propres irrités? Il est donc vrai de dire que jusqu'à ce qu'une loi assez sage, assez prévoyante, assez subtile même, vienne saisir l'injure, dans quelque lieu, et sous quelque forme qu'elle puisse se montrer, le duel, pour l'homme d'honneur, ne saurait cesser d'exister.

Un grand intérêt social s'attache donc à la manière dont il doit être envisagé. Car dans l'impossibilité de le prévenir ou l'empêcher, la seule voie qui reste à prendre est incontestablement celle de le juger. Or, c'est dans ses causes, et non dans ses effets, qu'il doit être apprécié. Le duel, en effet, ne pouvant cesser d'être, ce qu'il fut dans son principe, *un combat judiciaire*, une manière de vider les différents, de juger les procès, son résultat ne saurait cesser non plus d'être ce qu'il fut jadis, un arrêt du sort, ou, comme on l'appellait alors, *le jugement de Dieu*. De telles mœurs, sans doute, sont loin de nous aujourd'hui, mais comment changer maintenant cette décision, barbare si l'on veut, mais du choix des parties, en un fait matériel, un fait repréhensible et même punissable? N'est-il pas évident que si l'on ne remonte à sa cause, le duel n'a d'appréciable que la loyauté avec laquelle ses règles particulières ont été observées, et que, séparé d'elle, il échappe à toute espèce d'incrimination possible, et par conséquent à toute espèce de pénalité (*).

(*) Cela est si vrai, que dans la séance de la chambre des députés du 8 mai 1847, l'honorable M. Dupin a été réduit à donner à entendre que si la loi qu'on applique au duel, et qui, selon nous, n'était pas faite pour ce cas particulier, serait quelquefois injuste, parce qu'elle frapperait de la même peine l'offenseur et l'offensé, le jury sera toujours là, et que si on le voit quelquefois, ce sont les paroles de M. Dupin, « absoudre le fils généreux qui » aura vengé l'honneur d'un père, on le verra » toujours condamner le ravisseur qui aura » versé le sang de celui dont la famille a » été outragée. »

M. Dupin a donc reconnu lui-même que ce n'était que dans ses causes que le duel pouvait être apprécié.

Après l'honneur de l'homme, il nous
reste à parler encore de celui de la

Loin de nous en affliger, au reste, félicitons-
nous plutôt de ce sentiment d'honneur qui a
introduit et qui soutient le duel parmi nous,
car, partout, la loi civile étant impuissante à
protéger l'honneur de l'homme, de celui du
moins qui sent sa dignité, là où l'on n'est
pas affligé du duel on l'est d'un autre attentat
bien plus odieux encore, et qu'il n'est pas
nécessaire de nommer.

Ce n'est donc pas, à notre avis, à éteindre
le duel parmi nous, du moins de la manière la
plus absolue, que la sagesse de nos législateurs
doit principalement s'attacher, car en dispa-
raissant entièrement du pays, le duel entraîne-
rait peut-être avec lui ce sentiment de loyauté
dont notre nation se glorifie, mais uniquement
à le bien apprécier dans son origine, dans
ses véritables causes et par conséquent à le
bien juger, seule manière peut-être de le faire
disparaître sans danger.

femme, car l'honneur chez elle s'iden-
tifiant en quelque sorte avec la pudeur,
c'est uniquement sous ce dernier rapport que nous aurons à le considérer.

Si, en général, la pudeur chez l'homme est un sentiment qui se confond
avec celui de l'honneur, pour la femme,
au contraire, c'est le sentiment de
l'honneur qui se confond avec celui de
la pudeur. C'est à conserver intacte
cette fleur si délicate dont la nature a
voulu la parer, qu'elle a attaché l'honneur de son sexe, honneur qui pour
elle, comme pour l'homme, ainsi que
l'histoire viendrait l'attester, est un
bien aussi plus cher que la vie. Aussi
dans tous les temps, chez les peuples
civilisés, la pudeur de la femme a-t-elle
été l'objet d'une sollicitude toute spéciale, d'un intérêt tout particulier.

Chez le peuple Juif, au témoignage des Rabins, non-seulement la femme pouvait donner la mort pour sauver son honneur, mais il était permis à tout le monde d'épouser sa querelle et d'user de ses droits. A Rome cette protection était loin d'être aussi étendue, mais à Rome encore le viol était puni de mort, et l'on ne pouvait même appeller de la sentence. Enfin si parmi nous une peine moins sévère a été substituée à la peine capitale dont ce crime était autrefois puni, on ne saurait en induire toutefois que nos nouveaux législateurs aient entendu restreindre en aucune manière les moyens de défense dont la femme pourrait faire usage pour sauver sa pudeur; partout, en effet, ils se sont montrés animés d'un sentiment contraire, aussi, se demande-t-on, si ce

n'est que par prudence qu'ils ne s'en
sont expliqués que dans un cas tout
particulier, mais dont nous n'avons pas
à nous occuper (*).

Quant à l'homme chez lequel on ne
peut violer la pudeur, sans violer en
même temps les lois de la nature, on n'a
jamais douté que, dans tous les cas, il ne
lui fut permis de repousser la force
par la force, et Plutarque nous apprend
que non-seulement Marius approuva
la conduite du soldat romain, qui, en
repoussant la violence qu'il voulait faire
à son honneur, avait donné la mort
au neveu de ce grand capitaine, mais
encore qu'il lui décerna la couronne
qui n'était réservée qu'à ceux qui

(*) Vide l'art. 315 du code pénal.

s'étaient distingués par quelque acte de valeur.

Du droit de se défendre naît aussi celui de faire la guerre, voyons donc maintenant quels sont les cas où elle est légitime, et quels sont ceux où elle blesserait tous les droits de l'humanité.

CHAPITRE QUATRIÈME.

DES CAS DE GUERRE.

Observations générales.

La justice est l'âme du monde ; aucun corps social ne saurait subsister sans elle, pas même l'association entre malfaiteurs. Toute injustice est donc un juste sujet de guerre, car la guerre alors tend évidemment à l'ordre universel. Aussi si la religion commande, en général, le pardon des offenses, elle ne défend point la guerre lorsqu'elle est commandée par la nécessité d'une juste défense, ou qu'elle est fondée sur des raisons d'équité. Cela est si vrai que dans tous les temps ses ministres ont joint leurs prières aux efforts des combattants, qu'ils bénissent leurs drapeaux et rendent au tout-puissant grâces de leurs triomphes. Cela est si vrai encore, que les premiers chrétiens, dont la foi cependant devait être si pure, servaient dans les armées romaines et composaient même l'élite de ces armées.

Cependant comme toutes les injustices ne seraient pas de nature à armer deux nations l'une contre l'autre, on a précisé les cas où elles pouvaient justifier un peuple d'en appeler à la force des armes, et de livrer son sort aux chances des combats. Ainsi l'injure faite

à une nation a toujours été considérée
comme un juste sujet de guerre, car
l'honneur pour les nations est un bien
plus précieux encore que pour les particuliers.

C'est pour venger une injure faite à
leur honneur, qu'après un siége de dix
ans, les Grecs portèrent le fer et le feu
dans la malheureuse ville de Priam.
C'est pour venger une injure faite au
consul français que, de nos jours, le
dey d'Alger a été renversé de son trône
et dépouillé de ses états; enfin, en conduisant de victoire en victoire les jeunes
héros que la France lui avait confiés,
Napoléon disait à ses soldats, d'ici nous
irons dans telle ou telle partie de l'Europe, *car nous avons encore là des
injures à venger.*

Observons, cependant, que pour

justifier la guerre, il faut que l'injure
soit récente, ce qui toutefois n'empêcherait pas de la reprendre ensuite, si
de nouveaux griefs venaient à l'exiger.
Observons aussi que pour être nationale, il faut que l'injure ait été faite à
la nation elle-même ou à son représen-
tant, et qu'on ne saurait considérer
comme telle celle faite à un simple
particulier, à moins qu'elle ne lui eût
été faite qu'en haine de sa nationalité.
Observons enfin, que si l'injure n'avait
eu lieu que de particulier à particulier,
le gouvernement de l'offenseur n'en de-
viendrait responsable qu'autant qu'il se
refuserait à la réparer ou réprimer;
telle est, en effet, la loi naturelle qui
régit les nations, loi connue des anciens peuples comme des peuples modernes, et qu'ils se font tous un devoir
de respecter.

Observons enfin que quoique par injure on désigne plus spécialement ce
qui peut porter atteinte à l'honneur
d'une nation, on désigne aussi sous ce
même nom tous les griefs, en général,
dont un peuple peut avoir à se plaindre d'un autre, comme la violation
du territoire, celle des traités et des
alliances, et même de la neutralité, ce
qui, toutefois, ne doit pas nous dispenser
de nous occuper de chacun de ces griefs
en particulier.

§ 1er.

DE LA VIOLATION DU TERRITOIRE.

Parmi les injures de nation à nation, la violation du territoire est, sans contredit, une des plus graves, puisque, outre l'attentat à la souveraineté, elle porte le trouble dans toutes les familles et jette l'alarme dans la société. Mais la violation du territoire ne consiste pas à pénétrer en fugitif, ou suppliant, dans un état voisin, car le passage et l'hospitalité sont toujours dus à l'étranger, mais uniquement à l'envahir en ennemi, les armes à la main, et bravant l'autorité. Aussi n'a-t-on jamais

considéré comme un véritable cas de
guerre le passage d'une armée étrangère sur la frontière d'un état voisin,
lorsque ce passage n'était accompagné
d'aucune hostilité, et qu'il était commandé par quelque circonstance impérieuse qui n'avait pu permettre de
satisfaire alors à la juste obligation de
le demander.

Ce passage, toutefois, n'est pas un
fait sans importance, et même quelquefois sans une certaine gravité. Il se
complique, en effet, des relations
sociales qu'on a, ou qu'on pourrait
avoir avec l'une ou l'autre des nations en hostilité, des traités qui
nous lient avec elles, et même des devoirs de la neutralité. On conçoit, en
effet, que, suivant les circonstances,
ce passage, s'il était librement accordé,

pourrait être considéré comme une infraction à une alliance antérieure, ou même comme une violation de la neutralité. On doit donc en pareil cas chercher à concilier ce que la foi des traités, ou les devois de la neutralité, peuvent exiger d'un côté, avec ce qu'exigent, d'un autre, les devoirs de bienveillance et d'humanité. Il serait barbare, en effet, de repousser de ses frontières une armée vaincue ou mise en fuite et qui n'aurait d'autre refuge pour se sauver d'un grand danger. Aussi ce qui n'est pas permis alors, et ce qui révolte l'humanité, c'est de violer, pour la poursuivre, le territoire de l'étranger.

§ 2.

DE LA VIOLATION DES TRAITÉS

Un cas de guerre, une injure nationale, au sentiment de tous les peuples,
résulte aussi de la violation des traités, car outre l'injustice qui en est la
suite, une nation ne saurait se soustraire à ses obligations envers une autre
sans braver sa puissance, et par conséquent sans avilir sa dignité.

Avec quelque soin que les traités de
nation à nation soient ordinairement
rédigés, il s'y trouve toujours quelques
clauses obscures, équivoques ou am-
bigues, et c'est à ces clauses que, tôt
ou tard, s'attache la mauvaise foi pour

se livrer à des interprétations menson-
gères, des subterfuges, des subtilités,
afin de se soustraire aux obligations
qu'elles renfermaient. Il est rare, en
effet, que la violation des traités soit
manifeste, elle blesserait trop la morale
publique, et rendrait trop odieux le
peuple qui se la permettrait.

Ces injustices, toutefois, ne sont pas
sans exemple, mais alors elles sont
calculées ou sur la faiblesse permanente, ou sur la situation momentanée
du peuple contre lequel on se la per-
met, ou sur une force enfin contre
laquelle on a la confiance qu'on voudrait en vain s'élever. C'est alors le fort
qui opprime le faible, le conquérant
ou le despote, qui, bravant l'opinion
publique, veut tout soumettre à sa
volonté.

C'est pour mettre un terme à ces abus de la force, pour apposer quelque barrière à ces sortes d'iniquités, que, dans le siècle dernier, deux hommes dont les talents honorent l'humanité, Jean-Jacques Rousseau et Bernardin de Saint-Pierre, avaient émis le vœu d'un congrès européen, qui, de nos jours, du moins un instant, a paru se réaliser, mais dont la France seule a jusqu'à présent ressenti les effets. Ces hommes dont les généreuses pensées ne se sont encore qu'imparfaitement réalisées, ces deux grands amis de l'humanité, en protégeant les droits de tous, voulaient arrêter aussi ces scènes de carnage dont leurs âmes sensibles étaient affec- tées, et ils en voyaient la possibilité dans la formation d'un congrès. Mais hélas! pourquoi faut-il que cette ins-

titution sublime qui devait à jamais
assurer le repos des nations civilisées,
se ressente encore de la faiblesse des
institutions humaines, et que la nationalité de la Pologne et la liberté de
Cracovie, la couvrent d'une tache que
plusieurs siècles ne sauraient effacer.

Mais en quoi consiste la violation des
traités, et jusqu'à quel point les conventions de nation à nation peuvent-
elles les lier ?

Les peuples ne pouvant rester libres
qu'en demeurant indépendants les uns
des autres, il est dans la nature des
traités qui les lient, d'être toujours ré-
vocables, à moins qu'ils ne participent
de la nature des contrats, c'est-à-dire,
à moins que l'une des parties contractantes n'ait reçu de l'autre le prix
des concessions, ou l'équivalent des

services auxquels, de son côté, elle s'est engagée, car, s'il en était autrement, celle qui ne pourrait renoncer au traité serait subjuguée.

Dans les traités de nation à nation on doit donc distinguer d'abord, ceux où les parties contractantes, ne stipulant rien dans leurs intérêts particuliers, n'ayant en vue qu'un bien général, qu'un service à rendre à l'humanité, comme la destruction de la piraterie, de la traite des noirs, ou de l'esclavage en certains pays, ne peuvent cesser d'être facultatifs, chacun étant toujours libre de renoncer à ses projets.

Secondement, ceux où les avantages que les parties s'assurent l'une à l'autre se compensent tous les jours les uns par les autres, comme ceux résultant des traités de commerce, ou autres conventions par lesquelles elles s'accordent réciproquement des privilèges, des exemptions, des facultés, car encore alors, se trouvant toujours au pair, elles restent toujours libres d'exécuter leurs conventions, ou d'y apporter telles modifications qu'elles jugent convenables dans leurs intérêts (*).

En troisième lieu enfin, ceux où les avantages que les contractants s'en sont promis, sont subordonnés à des événements futurs, mais déterminés, com-

---

(*) Observons cependant que si les parties contractantes avaient apposé un terme à leurs conventions, l'une d'elles, sans le consentement de l'autre, ne pourrait y renoncer, et qu'elles devraient toujours être exécutées jusqu'à l'époque fixée par le traité.

me ceux qui peuvent résulter des traités d'alliance, de secours en cas de
guerre ou de jonction d'armes en cas
de danger, car, si de leur nature, ces
sortes de conventions sont encore facul-
tatives, elles peuvent du moins devenir
obligatoires, ou par l'exécution qu'elles
ont déjà reçue d'un côté, ou par les
circonstances dans lesquelles l'une des
parties contractantes peut se trouver
placée, comme la crainte d'une guerre
imminente, d'une invasion prochaine,
ou tout autre danger. On conçoit, en
effet, que dans l'une ou l'autre de ces
circonstances, la bonne foi, ou la loyauté,
ne sauraient permettre de rompre un
traité.

Les alliances, au surplus, n'ont pas
toujours eu dans l'esprit des peuples
la signification qu'elles ont aujourd'hui

chez les nations civilisées. Dans ces temps barbares, en effet, où toujours armés l'un contre l'autre, toujours ennemis, ou se considérant comme tels, les peuples se croyaient voués à d'éternels combats, les alliances qu'ils contractaient, leurs *traités d'amitié*, n'avaient souvent pour objet que de faire cesser l'état d'hostilité dans lequel ils se reconnaissaient.

A la gloire des Romains, remarquons, toutefois, que ce n'est pas ainsi que, de leur côté, ils les entendaient, et si leur politique ne leur en eut fait un devoir, il serait vrai de dire que jamais aucun peuple n'aurait poussé si loin sa générosité envers ses alliés.

Depuis les Romains jusqu'à nous les alliances ont peu changé d'objet, mais de défensives elles sont, quelquefois, de-

venues offensives, et, par conséquent, ont
quelquefois provoqué le nom de coali-
tion qui, dans certains cas, leur a été
infligé. (*)

Mais que faut-il penser aujourd'hui
des alliances particulières qui ont pu,
ou qui pourraient se former en Europe,
depuis qu'un système de politique générale, connue sous le nom *d'équilibre européen*, a été substitué à la
politique, plus ou moins rationnelle, de
chaque état en particulier? De ce système défensif, de cette mesure générale

---

(*) Ces cas sont ceux où plus de deux nations
contractent ensemble une alliance offensive et
défensive, car, si, pour la défense, ces alliances sont toujours légitimes, dans tout autre
cas, elles blessent évidemment tous les principes de justice, tous les droits de l'humanité.

de sécurité, n'est-il pas résulté pour les puissances de l'Europe, une interdiction, plus ou moins formelle, de se lier entr'elles par des traités particuliers? et depuis surtout que les souverains de l'Europe se sont formés en congrès, ces sortes d'alliance ne doivent-elles pas être considérées comme des infractions formelles à l'alliance générale, au système européen de sécurité?

Proposer la question c'est évidemment la résoudre, car l'équilibre européen ne pouvant résulter que d'une alliance générale des états de l'Europe, de l'existence d'un congrès, toute alliance particulière doit nécessairement lui devenir fatale, et ruiner tôt ou tard les avantages inapréciables qui devaient en résulter. Pourquoi faut-il donc que

des vues ambitieuses se glissent encore
dans les conseils des souverains, et
qu'après une si longue expérience sur
le sort des conquêtes, on rêve encore
la destruction des nationalités?

Dans les traités de nation à nation,
on doit distinguer aussi ceux où les
conditions sont égales de part et d'autre, et qui, par conséquent, portent
avec eux la preuve évidente qu'ils ont
été librement consentis, et ceux, au
contraire, où tous les avantages se
trouvant d'un côté, ont été évidemment
imposés.

Parmi ces derniers, se rencontrent
principalement les traités de paix; il
est rare, en effet, que ces traités soient
autre chose que la loi du vainqueur
imposée au vaincu. Or, jusqu'à quel
point une telle loi peut-elle nous obliger?

Si la force peut contraindre, elle n'oblige jamais ; il faut donc distinguer ici ce qu'un droit légitime a fait reconnaître, de ce que la force a seule imposé, car si le droit de nation à nation est inviolable, comme imprescriptible, de ce que la force impose, la force peut délier.

Tous les traités de paix dans lesquels le vainqueur abuse de sa position à l'égard du vaincu, ne sont donc, en quelque sorte, que des suspensions d'armes ; car il est impossible qu'une nation subjuguée ne cherche à recouvrer par les armes, ce que les armes lui ont enlevé. *Il n'y a jamais de véritable paix*, disaient les Scythes à Alexandre, *entre le maître et l'esclave, et au milieu de la paix, la guerre subsiste toujours.*

La justice et la bienfaisance sont donc les seules bases sur lesquelles, après la guerre, une paix durable puisse être fondée. Après trois cents ans de domination en Espagne, les Maures en ont été expulsés, et après d'aussi longues années encore, la Grèce, de nos jours, a recouvré sa liberté.

Il ne suit pas cependant de là qu'aussitôt qu'un traité de paix nous paraît onéreux, on puisse se dispenser de l'exécuter, car alors il n'y aurait jamais de véritable paix; mais que si l'on se soustrait à ce qu'il y a d'exhorbitant dans un pareil traité, on ne fait qu'user d'un droit auquel on est censé n'avoir jamais renoncé.

§ 3.

DE LA VIOLATION DE LA NEUTRALITÉ.

Que la neutralité résulte d'une convention particulière, ou des principes d'équité qui régissent les sociétés, elle est toujours violée toutes les fois qu'on fournit des secours en hommes ou en argent à l'une des puissances belligérantes ; mais il faut cependant qu'ils aient été fournis par le gouvernement lui-même, ce qui n'empêche point les enrôlements volontaires des particuliers, ni le commerce des neutres avec les puissances en hostilité.

De grandes difficultés se sont cependant élevées sur la nature des marchandises dont le commerce ne pouvait être interdit aux neutres, ou plutôt sur celles dont il pouvait leur être prohibé. Ces difficultés datent surtout d'une époque récente, et il faut voir à ce sujet l'intéressante dissertation que M. Thiers a insérée dans son *Histoire du Consulat et de l'Empire*. (Tom. II. p. 99.)

Il en résulterait que, suivant les principes acceptés de l'Europe entière, l'Angleterre seule exceptée, il n'y aurait de marchandises prohibées dans le commerce des neutres avec les puissances en hostilité, que celles qui seraient spécialement destinées à la guerre, comme les armes, les munitions de guerre ou autre matériel au même usage, et que quant aux céréales, il n'y

9

aurait de prohibées, que celles déjà
préparées pour un service militaire,
comme le biscuit; que le droit de visite
que cette interdiction amènerait, ne
pourrait avoir lieu qu'avec les égards
qui seraient convenus, et jamais lorsque
les vaisseaux de commerce seraient
convoyés par un vaisseau militaire,
ou national, « celui-ci devant jouir du
» privilège d'en être cru sur sa parole,
» lorsqu'il affirmerait, sur l'honneur de
» sa nation, que les vaisseaux lui
» appartiennent et ne portent aucun
» des objets prohibés. » Enfin, que si
toute communication devait être inter-
dite aux neutres avec les ports assiégés
ou bloqués, ce n'était que tout autant
que le siège, ou le blocus, auraient été
préalablement déclarés, et qu'ils seraient *réels* et non *fictifs*, c'est-à-dire

formés par un nombre de vaisseaux
suffisant pour en faire réellement le
siège, ou forcer la place à se rendre
par disette.

Mais outre les marchandises que
sous le consulat et l'empire, on était
convenu de considérer comme contre-
bande de guerre, la France et l'Angleterre ayant réciproquement jetté le
même interdit sur toutes celles qui se
fabriquaient chez l'une ou l'autre nation, d'autres difficultés s'élevèrent encore sur le droit de visite quant à ces
dernières, et ce droit, que l'Angleterre
seule se permettait d'exercer, lui fut
vivement contesté par toutes les autres
puissances de l'Europe, qui, comme
neutres, voulaient jouir pour leur
commerce de toute leur indépendance,
de tous les avantages même qui résul-

taient pour elles de la guerre allumée, disant que *le pavillon couvre la marchandise.*

Nous ne saurions donc que nous en référer à des principes si récemment, si vivement discutés, et que l'histoire elle-même n'a pas dédaigné de nous conserver.

§ 4.

DES ATTEINTES AUX DROITS DE L'HUMANITÉ.

Après les cas de guerre que nous venons d'énumérer, et qui sont les plus ordinaires, il en est encore d'autres, non moins dignes d'être signalés, et surtout plus honorables pour l'humanité, car, non-seulement ils trouvent leur justification, mais leur impulsion même, dans ces sentiments de bienveillance et de générosité que la nature a gravé dans le cœur des peuples, comme dans ceux des particuliers. Quel est le peuple, en effet, qui, sans en être ému, pourrait en voir un autre égorgé à ses côtés, ou conduit par l'oppression à une lente mais infaillible destruction! Quel est celui qui à la voix mourante d'un peuple qui succombe sous le poids des injustices et des cruautés, ne se sent offensé lui-même, et n'est prêt à verser son sang pour sauver des infortunés? Aussi si toute intervention armée dans les révolutions politiques des autres nations doit être rigoureusement proscrite, rien ne saurait, au contraire, laver la flétrissure qui résulte pour l'humanité de la destruction d'un peuple abandonné. (')

(*) Aucune allusion n'entre ici dans notre pensée; mais, s'il faut le dire, pourquoi la

Un autre cas de guerre résulterait aussi de l'empire exclusif que, pour s'emparer du commerce maritime, un peuple voudrait exercer sur l'élément qui lui est destiné. Aussi, quoique l'histoire fournisse plusieurs exemples de cette odieuse domination, jamais aucun peuple n'a-t-il osé l'avouer. Mais s'il ne fut jamais de nation assez insensée pour prendre en main le sceptre maritime et se proclamer la maîtresse des mers, en rendre l'usage dangereux, comme l'ont fait longtemps les pirates ; déployer une puissance maritime de beaucoup supérieure à celle des autres nations, comme l'ont fait, à différentes

---

Pologne, qui a trouvé sa vie dans un congrès, ne trouverait-elle pas sa résurrection dans un autre ?

époques, les Tyriens, les Carthaginois,
et, plus tard, les Anglais, n'est-ce pas
s'en rendre les maîtres, s'en proclamer
les dominateurs. (*)

Ce fut uniquement pour leur avoir
fermé leurs portes, que les Lacédémoniens, à ce que dit Plutarque, décla-
rèrent autrefois la guerre aux Athéniens,
et cette guerre était juste, car par cette
exclusion les Lacédémoniens auraient
été privés d'un droit qui appartient à
tous les peuples, celui de livrer leurs
marchandises au commerce, et de les
produire sur tous les marchés.

Observons, cependant, que quoique

(*) On se préoccupe depuis longues années de
l'équilibre Européen, c'est-à-dire de l'équilibre
territorial en Europe, mais ne devrait-on pas
s'occuper aussi de l'équilibre maritime ?

le commerce soit de droit naturel, chaque peuple, maintenant, s'étant arrogé le droit de soumettre à des tarifs, plus ou moins répulsifs, l'entrée sur son territoire des marchandises étrangères ; quelqu'antisociales que soient ces barrières en elles-mêmes, on ne saurait aujourd'hui contraindre une nation à renoncer, malgré elle, à un droit auquel les autres peuples n'auraient pas déjà renoncé en sa faveur, car ce droit étant généralement admis parmi les nations modernes, forme maintenant le véritable droit commun. Aussi la guerre que, dans ces derniers temps, l'Angleterre a faite à la Chine pour la contraindre à recevoir son opium, a-t-elle été flétrie d'un blâme universel.

§ 5.

DES CONQUÉRANTS.

Comme il est permis de résister à la violence, il l'est aussi de résister aux conquérants; mais c'est surtout dans ces sortes de guerres, dont les causes, d'ailleurs, sont toujours si obscures, qu'un peuple ne doit pas oublier d'appeler à son aide les secours qui lui viennent d'en haut, car alors il s'agit bien moins pour lui de résister à la force des armes, que d'éteindre dans le tout-puissant la colère qui s'est allumée contre lui. On voit, en effet, que si c'est vainement que les peuples

s'émeuvent, s'agitent, et prennent les
armes pour résister à ces sortes de
torrents, rarement aussi les conquérants jouissent longtemps du fruit de
leurs victoires, et qu'en définitive on
ne peut les considérer que comme les
ministres d'un pouvoir suprême, que
comme les instruments dont se sert la
providence pour châtier, quand il lui
plaît, les peuples et leurs souverains. (*)

(*) L'histoire nous apprend que la veille
d'un combat, l'impitoyable Tamerlan passait
la nuit en prières, la face tournée contre terre.
Les sujets d'Attila vantaient aussi sa justice.

§ 6.

DES DEVOIRS D'HUMANITÉ PROPRES A LA GUERRE.

Observons d'abord que quelque juste que soit une guerre, la raison, comme l'humanité, ne saurait permettre d'user de ses armes, ni de se livrer au moindre acte d'hostilité avant de l'avoir déclarée. *Nous vous prenons à témoin de l'injustice de ce peuple*, disaient les Romains, en lui déclarant la guerre, et ces paroles, publiquement proférées, s'adressaient à leurs divinités. Les Romains pensaient donc que non-seulement la guerre devait être juste dans ses causes, mais encore, qu'avant toute hostilité, elle devait être déclarée.

Des manifestes maintenant précèdent ordinairement les hostilités d'un peuple contre un autre, et ces manifestes, en proclamant la guerre, ont aussi pour objet de la justifier; mais qu'ils sont loin, le plus souvent, ces actes politiques, de cette bonne foi romaine, qui, pendant les beaux jours de la République, fut si souvent admirée.

La guerre, au surplus, n'étant que le moyen d'obtenir, par les armes, ce qui nous est injustement refusé, il n'y a de légitime dans la guerre que ce qui est indispensable pour atteindre le but que l'on s'est proposé. Tout est donc légitime dans la chaleur du combat, et nul alors ne saurait être responsable du sang qu'il a versé; mais, le combat fini, l'humanité reprend ses droits, et le meurtre n'est légitime qu'autant qu'il est commandé par une nouvelle nécessité. (*) On ne saurait donc, même à la guerre, abuser de ses armes, et se faire un jeu ni de la vie, ni de la mort de son ennemi, car il n'y a que des barbares qui puissent faire trophée des têtes qu'ils ont tranchées. A la différence de ces temps malheureux, où toutes les guerres étaient des guerres d'extermination, de grands duels entre deux peuples, où il s'agissait réellement de l'existence de l'un ou de l'autre, les guerres, en général, ne se font plus

_____

(*) Après la sanglante bataille d'Eylau, on a vu nos soldats donner des pommes de terre aux cosaques exténués qui venaient leur en demander.

aujourd'hui ni d'homme à homme, ni
de peuple à peuple, mais uniquement
de puissance à puissance, ce qui est
bien différent, et ce qui évidemment
en a changé tout à la fois la nature et
l'objet. D'après nos mœurs actuelles,
nos principes d'humanité, on ne considère même comme ennemis à la guerre
que ceux qui portent les armes, ou
sont revêtus de l'uniforme militaire, le
peuple, en général, étant toujours séparé de l'armée, et n'étant assujetti
qu'à une sorte de neutralité.

L'homme a donc fait des pas immenses dans la carrière de l'humanité,
mais ne désespérons point de lui en
voir faire de plus grands encore. En
effet, les mœurs des peuples s'adou-
cissent, les distances disparaissent, les
caractères se rapprochent et tout sem-

ble annoncer que, dans un prochain avenir, à la force brutale, nous verrons succéder l'empire des idées, et, dans des congrès européens, la balance de la justice, au tranchant du glaive et de l'épée.

§ 7.

DES DROITS DU VAINQUEUR A L'ÉGARD DU VAINCU.

Depuis que les idées de servitude et d'esclavage, ont fait place dans le monde à d'autres principes d'humanité, parmi les droits de la guerre, il n'en est point de plus vagues, de plus indéterminés que ceux du vainqueur à l'égard du vaincu. En effet, après l'objet qui fesait le sujet de la guerre, après les frais qu'elle a occasionnés, reste encore, et reste toujours, l'appréciation du sang versé.

Le souvenir plus ou moins vif de
l'injure vengée, l'intérêt plus ou moins
grand qu'inspire le vaincu, les mesures enfin dont le vainqueur croit devoir
s'entourer, sont donc, le plus souvent,
les seules règles de justice qu'il se croit
tenu d'observer. Remarquons toutefois
qu'outre les racines profondes qu'ont
poussé parmi nous les sentiments d'humanité, les ombrages que les nouvelles
conquêtes inspirent toujours en Europe,
étant poussés aujourd'hui au suprême
degré, les égards envers elle auxquels
le vainqueur se sent toujours obligé,
apportent ordinairement des tempéraments louables, soit à ses projets de
conquête, soit aux vengeances qu'il
pouvait avoir méditées.

Un principe, au reste, sur lequel
on ne varie jamais, c'est que lorsque

par le sort des armes la puissance sou-
veraine tombe au pouvoir du vainqueur,
elle n'entraîne avec elle que ce qui fait
dépendance du domaine public, les
droits des particuliers étant toujours
respectés.

LIVRE SECOND.

❧

DES DROITS DE L'HOMME COMME ÊTRE MORAL.

Observations générales.

En créant l'homme à son image, Dieu ne lui a pas accordé seulement cette position verticale, cette attitude fière, ce regard imposant, qui, comme la pensée, embrasse dans son développement l'immensité des êtres répandus dans l'espace, ce port enfin noble et majestueux qui fait voir en lui le maître de la terre et le chef-d'œuvre de la création ; il l'a doué encore de facultés morales si grandes, si élevées, que l'on est forcé, malgré soi, de reconnaître en lui une émanation de la divinité.

Où trouver, en effet, la source de cette lumière qui brille dans son âme, qui se manifeste dans ses moindres pensées, qui éclaire enfin tous les actes de sa vie, de cette lumière que nous nommons raison, entendement, esprit, car tous ces mots n'expriment point des choses différentes, mais une seule et même chose ; où la trouver, dis-je, si ce n'est dans la suprême intelligence, dans le principe de toute pensée.

Pour connaître l'homme, comme être moral, nous sommes donc obligés de remonter au créateur lui-même, puisque

c'est de ses facultés immenses, infinies,
que dérivent celles dont l'homme a été
favorisé.

Quel est donc celui dont les cieux
racontent la gloire, qui d'un seul mot a
créé la lumière, qui a dit à la mer, tu
n'iras pas plus loin? quel est celui qui
donne à la fleur les couleurs dont elle
brille, qui nourrit les oiseaux du ciel,
et pourvoit aux besoins de tous les êtres
animés? quel est celui qui a rempli
l'espace de soleils et de mondes, leur a
donné le mouvement, et préside, à
jamais, à l'ordre et à l'harmonie qu'il a
établis? quel est celui enfin qui a créé
l'homme, mais qui ne s'est montré à lui
qu'enveloppé dans des nuages et précédé par la foudre et les éclairs?

Cet être, c'est l'être infini, l'auteur
de toutes choses, le principe de toute

pensée, car la pensée seule a pu être féconde, car sans la pensée il n'y aurait ni mondes, ni divinité.

Une pensée a donc précédé l'insecte comme l'homme, une pensée a donc précédé tous les êtres créés. Mais la pensée suppose l'existence, et l'existence étant le seul principe qui a pu précéder la pensée, celui qui *est*, a dû être aussi de toute éternité.

L'intelligence de la divinité se lie donc à l'infini; mais puisque, malgré nous, nous le trouvons dans le temps, comme dans l'espace (*), serait-il plus difficile de le concevoir dans la divinité? N'est-il pas, ici, comme ailleurs, une conséquence nécessaire de tout ce

---

(*) Vide la 6ᵉ loi providentielle.

qui est. Dieu, en effet, serait-il Dieu,
c'est-à-dire le principe de tout ce qui
existe, si quelque chose l'avait précédé ?

Reste, toutefois, à comprendre l'infini ; mais puisque l'infini n'est que
l'absence de toute borne dans le temps,
comme dans l'espace, l'énoncer n'est-ce
pas le comprendre, l'énoncer n'est-ce
pas le définir ? (*)

Si l'infini ne saurait être contesté en
Dieu, s'il est en quelque sorte de

(*) On a dit que l'infini ne pouvait entrer
dans le fini, mais la pensée de l'homme a-t-elle
quelques bornes, et par son existence morale,
ne fait-il pas lui-même partie de l'infini ? Or,
où serait pour l'homme l'impossibilité de comprendre sa propre nature, et par conséquent
celle de l'être dont il est émané ?

10

l'essence même de la divinité, il est évident aussi que tous ses attributs, sa justice, sa puissance, sa bonté, doivent participer de cette qualité.

Serait-ce maintenant parce que sa substance, comme l'esprit, comme la pensée, ne saurait tomber sous nos sens, qu'il serait vrai de dire que l'homme ne peut comprendre ce que c'est que la divinité? Mais l'homme ne comprend-il que ce qui frappe sa vue, que ce qu'il peut définir, que ce qu'il peut borner? et ne trouve-t-il pas dans son intelligence, beaucoup plus qu'il ne saurait rendre par l'expression de sa pensée? enfin ne suffirait-il pas de savoir ce que Dieu a fait pour savoir ce qu'il est.

L'homme comprend donc la divinité, et créé pour lui rendre ses hommages, pour attester sa gloire, pour montrer sa puissance, pourrait-il ignorer celui qu'il doit glorifier? Non l'homme n'est pas au-dessous de sa tâche, et il peut, quand sa pensée s'élève, s'acquitter de ses devoirs envers celui qui l'a créé.

Nous trouvons donc en Dieu l'*être*, comme principe, et l'intelligence unie à la pensée, portés à l'infini. Or, en créant l'homme à son image, en le fesant participer à sa divinité, Dieu lui a transmis une étincelle de son être, et c'est de cette étincelle qu'il nous reste à nous occuper.

CHAPITRE PREMIER.

DE L'EXISTENCE MORALE DE L'HOMME.

Je suis celui qui suis, a dit le tout-puissant, au témoignage de Moïse, notre existence n'est donc qu'un néant à côté de la sienne, et s'il ne vivait en nous, s'il n'existait dans nos âmes, notre vie ne serait évidemment qu'une lumière passagère, qu'un météore, qu'un éclair, qui se perdrait immédiatement dans une éternelle obscurité. Telle est, en effet, celle des créatures qui ne participent point à l'existence morale, à l'existence même de la divinité.

L'existence morale, l'existence réelle, ne réside donc qu'en Dieu, qui est par lui-même, qui est nécessairement, qui moralement, mais moralement seulement, est l'être universel. Il ne faut pas, en effet, comme l'ont fait quelques philosophes, confondre cette existence avec celle de la plante, celle du minéral, celle même qu'on a cru trouver dans l'harmonie universelle, car si Dieu vit dans ces êtres, il ne vit en eux que comme les auteurs vivent dans leurs ouvrages, comme l'horloger, comme le mécanicien vivent dans les montres ou dans les automates qu'ils ont fabriqués.

L'homme seul, parmi les êtres qui nous sont connus, participe donc à l'existence divine, puisque seul il peut élever sa pensée jusqu'à la divinité. Mais tandis que dans celle-ci, cette existence est sans origine et infinie, elle n'est que communiquée dans l'homme, et se joint seulement à sa perfectibilité, perfectibilité qui peut avoir des bornes, quoique ces bornes soient encore ignorées.

Par ses organes matériels, l'homme jouit aussi de la vie physique, et quoique très-distinctes l'une de l'autre, ces deux existences sont tellement liées entr'elles que quelques philosophes n'ont vu en lui qu'un être purement physique, purement matériel. Cependant, encore une fois, d'où viendrait cette raison par laquelle il distingue le juste de l'injuste, l'œuvre conforme aux lois de la nature, et celle qui les contrarie. D'où viendraient ces pensées abstraites qui n'ont nul rapport avec la matière, ces idées enfin, d'un être créateur, d'un pouvoir sans bornes, et d'une existence qui se perd dans l'infini? Ces idées existent-elles ailleurs que dans l'homme, et l'être qui ne jouit que de la vie physique laissa-t-il jamais entrevoir quelque pensée sur la divinité?

La pensée, au reste, appartient à la vie physique, comme à la vie morale, mais dans la vie physique la pensée se référant uniquement à l'être matériel, dont elle est le ressort ou le guide, est toujours circonscrite dans la matérialité, tandis que dans l'être moral, dégagée de toute entrave, elle ne connaît plus de bornes, et tend sans cesse vers l'être infini dont elle est émanée.

Telle est la différence qui existe entre la vie physique et la vie morale, et par conséquent entre l'homme et l'animal. Ils pensent l'un et l'autre, mais tandis que la pensée dans celui-ci ne peut jamais s'étendre au-delà de ses besoins physiques, elle n'a point de bornes dans l'autre et s'étend jusqu'à l'infini.

Il est si évident, au reste, que l'homme jouit d'une double existence, qu'il éprouve incontestablement deux espèces de besoins l'un pour le corps et l'autre pour l'esprit (*), que ses pensées sont presque toujours en opposition les unes avec les autres, et que l'on peut même avec quelque attention, distinguer en lui celles qui lui viennent des sens,

---

(*) L'homme ne vit pas seulement de pain, a dit Jésus-Christ.

c'est-à-dire de sa vie physique, de celles qui lui viennent de l'âme, c'est-à-dire de sa vie morale. (*)

La perfection ne pouvant exister dans l'uniformité, tout a été varié et gradué dans la nature, tant dans l'ordre moral que dans l'ordre physique. Aussi comme de la plante au minéral la distance est incalculable, elle l'est aussi de l'être qui ne jouit que de la vie physique, à celui qui a été favorisé d'une pensée illimitée.

De la matière inerte à la plante qui végète, l'auteur de la nature avait fait un grand pas, puisqu'il était passé de la mort à la vie; mais cette vie ne devait pas encore amener la pensée,

---

(*) Vide la 14e loi providentielle.

parce que la plante étant immobile et
naturellement placée dans le lieu le
plus propre à entretenir sa vie, la
pensée ne lui était pas nécessaire pour
se conserver.

De la plante à l'animal le progrès
est plus sensible encore, puisque de la
vie purement physique le créateur est
passé au mouvement de l'être organisé.
Or, la pensée de l'homme qui vient
de sa vie morale est aussi supérieure
à celle qui vient de sa vie physique,
que cette dernière dans l'homme est
supérieure à celle de l'être physique le
plus simplement organisé.

Il est donc facile de comprendre
maintenant comment en parcourant
l'échelle des êtres, on passe des insectes
éphémères aux animaux dont l'existence est de quelque durée; et par

conséquent comment de la vie physique, qui a ses bornes fixes et déterminés, on passe à la vie morale, qui n'en admet aucune, et ne saurait être circonscrite ni dans son étendue ni dans sa durée. Or, c'est dans la pensée de chaque espèce d'êtres qu'on trouve la mesure exacte du bienfait qui lui a été accordé.

On n'en aperçoit aucune dans la plante, son existence est donc étrangère à tout l'ordre moral, et par conséquent entièrement distincte de celle des êtres animés.

Dans ces dernices on aperçoit une pensée; mais, l'homme excepté, cette pensée ne s'étendant jamais au-delà de leurs besoins physiques, il est sensible qu'elle est toute spéciale, toute particulière, et que par conséquent elle ne tient qu'à l'être même dont la conservation était l'unique objet.

Enfin, dans l'homme, comme être moral, la pensée n'a point de bornes et se détache entièrement de l'être organisé, elle se lie donc à une autre existence, à toute autre vie que la vie physique, et par conséquent à celle de l'êt. e infini dont elle est émanée.

Mais s'il est incontestable que, par sa vie morale, l'homme participe de la divinité, qu'il possède un rayon de cette lumière qui a précédé les mondes et qui doit briller dans toute l'éternité, quelle ne doit pas être sa profonde reconnaissance envers l'être infini dont il tient ce bienfait, et sa sollicitude pour la conservation d'un dépôt aussi sacré?

Pour connaître l'homme, comme être moral, il suffirait donc, en quelque sorte, de mesurer exactement l'étendue de sa pensée ; mais poursuivons notre analyse et voyons encore quelles sont , à ce titre , les autres facultés dont il a été doué.

11

CHAPITRE SECOND.

DE LA PAROLE.

Tout existait déjà dans la pensée du créateur avant que rien n'existât dans le monde, mais, pour être féconde, il fallait encore que la pensée fût émise, et la parole est l'instrument par lequel l'homme, comme Dieu, émet la pensée.

La pensée seule eut donc été infructueuse; mais quelle puissance dans la pensée unie à la parole, Dieu dit que la lumière soit, et la lumière fut; il dit à la mer tu n'iras pas plus loin, et la mer n'a jamais franchi ses limites (*)

L'homme étant sujet à l'erreur et son existence morale ne se liant qu'à la perfectibilité, la parole est loin d'avoir en nous cette grandeur et cette puissance qui nous étonne dans le créateur. Cependant quel pouvoir n'a-t-elle pas encore sur tous les êtres animés, et sur l'homme en particulier? Une parole s'est fait entendre il y a plus de dix-huit siècles, et cette parole, avec les temples anciens, a fait tomber les Dieux

---

(*) Du moins sans un ordre exprès de celui qui a créé les mondes, car on ne saurait supposer que ces cataclysmes immenses, dont, dans des temps éloignés, notre globe a été l'objet, se soient accomplis sans un ordre émané de la divinité.

qu'on adorait à cette époque, et cette parole vit encore parmi nous. Plus tard, et dans les contrées que nous habitons, une parole s'est fait entendre encore et toute l'Europe chrétienne s'est precipitée vers les rives du Jourdain. A des époque différentes, enfin, une parole a retenti en Egypte, dans la Grèce, en Italie, et Sésostris, et Alexandre, et les Romains, ont conquis le monde. Qui n'a éprouvé, au surplus, ces émotions douces ou terribles, ces tressaillements, ces frémissements involontaires, que produit la parole, lorsque ses sons harmonieux et animés pénètrent en nous et excitent dans nos âmes quelqu'un de ces sentiments dont la nature a voulu nous gratifier? Son effet est instantané, général, invincible, et c'est encore par une étincelle que la pensée, comme le fluide électrique, arrive jusqu'à nous.

La parole n'est donc pas seulement dans l'homme un don de la nature, sa plus brillante faculté, mais en lui, comme en Dieu, un instrument de sa puissance et le premier agent de sa volonté.

CHAPITRE TROISIÈME.

DE LA RAISON.

La pensée de l'homme n'ayant point de bornes, son désir de connaître n'en ayant point aussi, un moyen pour distinguer le vrai du faux, le juste de l'injuste, lui était nécessaire et la raison est le flambeau qui l'éclaire et le guide.

La raison de l'homme est donc distincte de la pensée, puisque c'est elle qui l'apprécie et qui la juge, et qui l'admet ou la rejette, suivant qu'elle est conforme aux lois de la nature ou qu'elle leur est opposée.

Quoique souvent méconnu, son empire est pourtant sans limites, l'esprit, comme le cœur, est soumis à ses lois, et le génie lui-même n'a droit à nos hommages, et ne saurait exciter notre admiration, qu'autant que sa lumière s'éclaire à son flambeau.

Comme guide du cœur humain, elle en règle les mouvements, et en prévient souvent les écarts ou les égarements. Comme lumière de l'esprit, elle en signale les erreurs, et en prévient les chutes, nous rappelant sans cesse *à ce type primitif qui a commencé par résider en Dieu, et qui, malgré la chute de l'homme, n'a pas cessé de résider en lui.* Comme voix de la conscience, enfin, elle s'élève contre

toutes les injustices, toutes les inhuma-
nités.

C'est donc avec la raison que l'homme doit marcher à la recherche de la
vérité. Mais la première qu'il doit
reconnaître, c'est que cette lumière ne
vient pas de lui, et doit remonter au
principe dont elle est émanée. Ce n'est,
en effet, que de cette vérité fondamentale que toutes les autres peuvent dé-
couler, et ce serait vainement qu'on se
livrerait à la recherche de la vérité
sans reconnaître le principe sur lequel
elle serait fondée. Comme toute science
suppose un précédent, toute vérité
suppose aussi un ordre établi. Aussi
si ceux qui abandonnent le monde au
hasard peuvent constater un fait, ils ne
sauraient se flatter jamais d'avoir établi
une vérité.

Impuissant par lui-même, mais capable de juger, d'apprécier, l'homme ne semble appelé sur la terre que pour attester les merveilles dont ses yeux sont frappés, les célébrer dans toute leur magnificence et en faire remonter la gloire à celui qui les a créées. Aussi, son désir de connaître est-il sans limites, et celui de publier ses connaissances, sans autre peut-être qui puisse l'égaler.

Imparfait d'origine, mais susceptible de perfectibilité, où pourrait-il aussi puiser les éléments de cette perfection divine à laquelle, malgré tout, il semble destiné, si ce n'est dans la contemplation des attributs, et celle des œuvres de celui qui l'a créé? En toutes choses, la vérité pour nous n'est donc que la pensée divine, pensée générale

qui embrasse le monde, et pensée particulière qui s'attache à chaque objet.

Découvrir ce qui est, et, pour chaque
chose, quelle est sa raison d'être,
constitue donc, quant à présent, toute
la science humaine, car la perfectibilité de l'homme étant indéfinie, on ne
saurait déterminer encore quelle est
celle à laquelle il lui est permis d'aspirer.

Reste encore, sans doute, et peut-
être pour longtemps, resté encore à
découvrir ces caractères infaillibles
auxquels la vérité doit se manifester; mais si la vérité se confond pour
nous avec la pensée divine, quel
meilleur moyen pourrait-on employer
pour la reconnaître que la réunion de
tous les rayons de lumière que le créateur nous a départis. *Le sens commun,*

comme l'a dit Vico, l'opinion générale,
la pensée la plus universellement ad-
mise, doit donc, jusqu'à preuve contraire, être considérée comme l'expression de la vérité.

CHAPITRE QUATRIÈME.

—

DU LIBRE ARBITRE.

Malgré tous les dons que Dieu avait faits à l'homme, l'intelligence, la raison, une pensée illimitée, il aurait peu différé de la brute si, toujours assujetti aux commandements absolus d'une raison égale et inflexible, il n'avait pu, dans aucun cas, se soustraire à son empire, rompre les liens dont elle l'aurait enchaîné; si toujours courbé sous son joug, dans cette triste condition, il n'eût jamais connu ni le plaisir de son indépendance, ni le pouvoir attaché à sa volonté; aussi, libre dans ses actions, et son maitre en toutes choses, l'homme, durant sa vie, n'obéit-il qu'à lui-même, faveur exclusive pour lui dans ce monde, et qu'il ne partage qu'avec l'être infini dont il est émané.

De cette liberté, sans doute, résulte pour lui une grande et redoutable responsabilité; mais aussi, sans son indépendance, comment eut-il pu aspirer à la gloire et aux récompenses qui lui sont destinées?

Mais ce n'est pas seulement dans son intérêt particulier que l'homme jouit d'une entière indépendance, d'une parfaite liberté; mais encore, et principalement, sans doute, à la gloire de celui dont elle est émanée. Si sa reconnaissance, en effet, si son culte envers la divinité, n'eut pas été parfaitement libre et même spontané, quel fruit le créateur aurait-il retiré d'un hommage involontaire, d'un culte dont l'homme n'eut jamais pu se dispenser? Ce n'est donc que de son libre arbitre que cet hommage reçoit tout son prix, et il est évident que Dieu serait moins honoré s'il ne pouvait exister des athées.

Tels sont les traits généraux sous lesquels, comme être moral, l'homme s'offre à la pensée, et de leur ensemble résulte cet être intelligent et perfectible placé par l'être suprême entre ses créatures matérielles et sa divinité. Dès qu'il a paru sur la terre, elle a cessé d'être déserte; alors, en effet, à l'intelligence infinie, d'autres intelligences ont pu répondre, et le tout-puissant a compté des adorateurs. Bientôt tout a changé de face, les forêts ont disparu

et l'espèce humaine a peuplé le monde.
L'homme a laissé partout des monuments majestueux de son intelligence
et de sa piété. Le ciel, en quelque
sorte, s'est rapproché de la terre, et
tout a concouru à la manifestation de
la divinité.

Faut-il maintenant reprendre un à
un les droits naturels qui résultent pour
l'homme des facultés morales dont il a
été doué? Mais n'est-il pas évident pour
tous que de son intelligence et de l'étendue de sa pensée, résulte pour lui le
droit le plus indéfini d'interroger la
nature, de sonder ses mystères, et de
s'approprier les vérités qu'elle peut
récéler? Que de la pensée unie à la
parole résulte également pour lui le
droit le plus général de la manifester?
Que de sa raison découlent encore ses

devoirs de reconnaissance, de justice, et d'humanité, et de son libre arbitre, enfin, ses craintes ou ses espérances pour une autre vie?

En terminant cet exposé, bornons-nous donc à faire observer que pour apprécier les droits naturels de l'homme, il ne suffit pas de remonter seulement aux facultés physiques et morales dont il a été doué; qu'il faut remonter encore jusqu'à la pensée divine dont elles sont émanées, et que par conséquent, pour le législateur, comme pour le philosophe, cette pensée est la première lumière dont leur esprit doit s'éclairer.

En nous résumant nous croyons donc, entr'autres choses, avoir suffisamment démontré :

1° Que, sans nier la lumière dont

son esprit est éclairé, l'homme ne saurait méconnaître l'existence de la divinité; qu'il peut même la comprendre, autant qu'il le fallait, du moins, pour servir à sa gloire, et pour sentir lui-même sa propre dignité;

2° Que si Dieu existe, l'homme a été créé, et que ce n'est que parce qu'il l'a été qu'il a des droits dans ce monde, « qu'il n'en aurait aucun s'il ne devait » son existence qu'au hasard, ou toute » autre cause aveugle, car le droit » suppose l'intelligence, comme le ju-» gement suppose la raison; »

3° Que par conséquent, « il n'y a de » droit naturel que pour ceux qui, » comme nous, admettent la création » de l'homme et l'existence d'un être » supérieur, car, pour les autres, tout » devant être abandonné à la fatalité;

» il n'y a ni droit naturel, ni justice
» divine, et qu'il ne s'agit pour eux
» que de se soustraire aux lois que les
» hommes ont imaginées pour le main-
» tien de l'ordre et le repos de la
» société; »

4° Que dans tous les temps l'homme
ayant joui de la raison, cette *lumière
qui l'éclaire en ce monde*, dans l'état
de nature, comme dans l'état social,
sa liberté n'a jamais été sans limites,
et que par conséquent, « sous quelque
» gouvernement qu'il vive, s'il n'est
» soumis qu'à la droite raison, il jouit
» de toute la liberté pour laquelle il
» est né; »

5° Que les lois civiles sont bien plus
conformes au droit naturel qu'on l'a
communément pensé, car la propriété
elle-même, qui, de nos jours, donne

— 363 —

lieu à de si grands débats, n'est pas
d'institution civile, mais de création
divine, « qu'elle existait déjà avant
» l'établissement des sociétés humai-
» nes, que ces sociétés mêmes n'ont eu
» pour objet, dans leur origine, que
» de la défendre et la rendre stable
» parmi les hommes, en créant, au
» profit de tous, un pouvoir suffisant
» pour la faire respecter à l'égard de
» chacun d'eux; »

6° Qu'en passant de l'état sauvage
à l'état policé, l'homme n'a perdu non
plus de sa liberté originelle et des droits
qu'elle lui assurait, que ce dont à
cette époque il n'avait plus que faire,
« car si dans son intérêt privé, comme
» dans celui de son espèce, il a dû
» renoncer alors à une faculté, devenue
» pour lui presque infructueuse, celle

» de prendre sa nourriture partout où
» bon lui semblait ; si pour s'assurer
» l'exercice de ses droits les plus utiles,
» il a dû renoncer, sans retour, à ceux
» qui, dès-lors n'étaient plus pour lui
» d'aucune utilité, il est loin, par là,
» d'avoir porté quelque atteinte réelle
» aux véritables prérogatives de l'hu-
» manité ; que la noble indépendance
» de son caractère n'a pu même qu'y
» gagner, car en lui assurant l'usage
» des droits que, seuls, il lui importait
» de conserver, la loi civile, au lieu de
» la restreindre, a incontestablement
» augmenté sa liberté ; »

7° Enfin, que pour bien apprécier
les droits naturels de l'homme, il ne
suffit pas de remonter aux facultés dont
il a été doué, qu'il faut remonter encore
jusqu'à la pensée divine dont elles sont

émanées ; qu'en toutes choses, c'est dans cette pensée que gît pour nous la vérité, et que par conséquent, « pour le » législateur, comme pour le philoso- » phe, cette pensée enfin est la pre- » mière lumière dont leur esprit doit » s'éclairer. »

PÉTITION.

PÉTITION

PRÉSENTÉE EN 1846, A LA CHAMBRE DES DÉPUTÉS,

Pour réclamer une loi qui modifie l'article 1094, ou l'article 913 du code civil, afin de les mettre en harmonie l'un avec l'autre.

o-o✻o-o

Une funeste incertitude règne depuis le code civil sur les avantages dont il est permis au père de famille de favoriser un ou plusieurs de ses enfants, ou, du moins, sur la manière dont on doit concilier cette faculté avec les libéralités qui sont permises entre époux.

Reconnaissant que, par les lois inter-

12

médinires, l'autorité du père de famille, cette sorte de magistrature qu'il exerce sur les siens, et qu'il est si essentiel de maintenir, avait été trop restreinte; que, dans les liens dont on l'avait enveloppé, le chef de famille se trouvait presque dans l'impossibilité d'empêcher le mal, ou d'opérer le bien dont il demeurait chargé; qu'enfin, par une méfiance exagérée à son égard on avait presque outragé la nature, les auteurs du code civil adoptèrent d'autres principes et rendirent aux pères une partie des droits qui leur avaient été si imprudemment enlevés.

Observons, cependant, que loin d'être tombés alors dans un excès contraire, les auteurs de ce code, si justement admiré, restèrent dans des limites, peut-être trop dictées par cet esprit d'égalité qu'on avait voulu rétablir dans les familles, mais qui, du moins, échappent encore à toute espèce de reproche d'inexactitude ou de partialité.

Pouvait-on, en effet, refuser au père de famille, souvent l'artisan de sa fortune, le droit de reconnaître les services particuliers dont il aurait été l'objet, d'exercer un acte de justice envers celui de ses enfants, qui, partageant ses sueurs et ses fatigues, avait été, après lui, l'auteur du bien-être, ou tout au moins, le soutien de la famille; pouvait-on lui refuser surtout la douce consolation de réparer, autant qu'il serait en lui, parmi ceux auxquels il avait donné le jour, les désavantages qui pouvaient résulter pour quelqu'un d'eux des disgraces de la nature ou des revers de la fortune? Or, c'est uniquement sous les influences de ces considérations puissantes que les droits du père de famille furent tracés dans l'article 913 du code civil.

On lui accorda le droit de disposer de la moitié de ses biens, s'il n'avait qu'un enfant légitime ; du tiers, s'il en avait deux, et du quart seulement s'il en avait un plus grand nombre.

La même faculté fut aussi accordée à la mère.

Si l'autorité du père de famille, ainsi limitée, ne répondait pas toujours aux positions difficiles dans lesquelles il pouvait se rencontrer, s'il demeurait privé de ce droit imposant dont il avait joui d'après les lois romaines, et le seul, peut-être, à l'aide duquel on eût pu maintenir intacte la puissance paternelle, l'exhérédation, dans les cas les plus ordinaires, il pouvait, du moins, satisfaire à ses vœux légitimes et tenir entre ses enfants la balance de la justice.

Mais ce n'est pas tout, et, pour le libre exercice de leurs affections légitimes, il fallait encore accorder aux époux la faculté de se donner l'un à l'autre des témoignages réciproques de leur tendresse et de leur reconnaissance. Ce fut l'objet d'un autre article, bien essentiel sans doute, mais malheureusement trop éloigné de celui dont nous avons déjà parlé, c'est l'article 1094.

Par cet article, après avoir reconnu que les époux devaient être libres dans leurs témoignages d'affection l'un pour l'autre, lorsqu'aucune réserve ne venait frapper leur succession, ils furent autorisés, s'ils laissaient des enfants ou descendants, à disposer l'un envers l'autre, soit par contrat de mariage, soit pendant le mariage, mais par acte séparé, comme on le voit par un article subséquent, ou d'un quart en propriété et un quart en usufruit, ou de la moitié de tous leurs biens en usufruit seulement.

Prises isolément, ces deux facultés de disposer n'offraient rien par elles-mêmes qui dût paraître excessif, mais rapprochées l'une de l'autre, elles étaient inconciliables, et il était évident que, du moins en partie, elles s'excluaient réciproquement. En réunissant, en effet, la faculté de disposer *ad libitum*, accordée par l'article 913, à celle dont il pouvait user envers son conjoint, d'après l'article 1094, le disposant eut réduit à la moitié les trois quarts des biens réservés par la loi à la famille composée de trois enfants ou un plus grand nombre ; aux cinq douzièmes, les deux tiers réservés à deux enfants, moins dans l'un et l'autre cas, un quart en usufruit, et enfin, la moitié des biens réservés au fils unique à un quart seulement en nue-propriété.

Les inconvénients qui devaient résulter d'un tel désaccord entre deux articles évidemment corrélatifs, ne pouvaient tarder longtemps à se manifester et les organes de la loi eurent bientôt à se prononcer.

Ne pouvant concilier ce qui était inconciliable, les cours se divisèrent et adoptèrent divers tempéraments.

Les unes, et ce fut le plus grand nombre, consultant le cœur humain et

reconnaissant que les affections légitimes se partagent principalement entre
la compagne que l'on s'est donnée et
les enfants issus de cette union, voulurent trouver dans la loi un moyen suffisant pour répondre en même temps à
ces deux appels de la nature, et, en
suivant ses vœux, ne pas séparer le
père de l'époux.

Ces cours, mettant en principe que
le disposant, sans blesser aucun droit,
pouvait toujours user de la quotité disponible la plus étendue qui se trouvait
dans l'article 1094, ne voulurent voir
rien d'exclusif dans les libéralités que
cet article permettait entre époux, et
décidèrent que ces libéralités pouvaient
se diviser entre les enfants du disposant et l'époux survivant.

Cette jurisprudence pouvait bien,

sans doute, n'être pas entièrement conforme à la lettre de la loi, mais, du
moins, elle en maintenait l'esprit, car
on ne saurait supposer qu'en accordant
à l'un des époux la faculté de s'acquitter
envers l'autre de la dette de la reconnaissance, elle eût voulu le priver en
même temps du droit d'être juste envers
ses enfants, substituer une faculté à
une autre, détruire enfin, par l'article
1094 le droit qu'elle avait accordé dans
l'article 913.

Quoiqu'il en soit, accueillie avec
bienveillance par tous les départements
méridionaux de la France, cette jurisprudence devint bientôt la base fondamentale de toutes les conventions ma-
trimoniales dans ces départements, et,
toujours empressés de se donner l'un à
l'autre des témoignages de leur affec-

tion, dans la pensée d'ailleurs que ces libéralités ne pourraient jamais faire obstacle à celles autorisées à l'égard des enfants, les futurs époux, dans leurs articles de mariage, omirent rarement de se donner mutuellement la jouissance de tous les biens qu'ils délaisseraient à leur décès, sauf, la réduction à la moitié, s'il survenait des enfants du mariage.

D'autres cours, mais en plus petit nombre, ne pouvant concilier les dispositions de l'article 913 avec celles de l'article 1094, considérèrent ces dernières comme une exception aux règles posées dans l'article 913, exception personnelle à l'époux et dont lui seul pouvait profiter, et elles poussèrent si loin la rigueur de leur jurisprudence qu'alors même que l'époux n'avait reçu qu'un don en usufruit, ce qui ne pouvait porter atteinte à la quotité disponible en propriété, elles frappèrent de nullité toute autre espèce de libéralité, si ce don d'usufruit l'avait précédée.

Ces cours, pour obvier au vice de la loi, se crurent donc autorisées à convertir un don d'usufruit, c'est-à-dire un don d'une valeur éventuelle et indéterminée, en une valeur fixe et certaine, une valeur en propriété.

C'était rayer d'un seul trait, pour une partie considérable de la France, la faculté de disposer autorisée par l'article 913 ; car, comme nous l'avons déjà dit, il est peu de contrats de mariage dans les départements du Midi qui ne renferment un don d'usufruit entre les futurs époux.

Tel fut le conflit de jurisprudence

qui s'éleva entre les cours royales,
conflit qui dure encore et que les arrêts
de la cour de cassation n'ont pu faire
cesser.

Quoique indépendantes et pleinement
libres dans leurs décisions, on sait
tout le respect que les cours royales
du royaume ont pour celles de la cour
de cassation, de cette cour suprême,
l'élite de la magistrature française ;
mais, en rendant hommage aux lumières qui dans son sein brillent de toutes
parts, un grand nombre d'entr'elles
n'ont pu s'empêcher de reconnaître
qu'elle-même n'a pu concilier ce qui
était inconciliable.

La plus grande incertitude subsiste
donc encore, du moins pour une partie
notable du pays, sur les libéralités dont
les pères peuvent user envers leurs

enfants, et cette incertitude qui trouble les familles, ébranle les fortunes,
arrête les partages, rend aussi les
nouvelles unions beaucoup plus difficiles, et peut-être plus rares.

Un tel état de choses ne saurait donc
subsister plus longtemps; et tout espoir
de le voir cesser autrement ayant totalement disparu, c'est au pouvoir législatif que nous avons cru devoir nous
adresser.

Ce serait, au reste, une erreur de
penser qu'il ne s'agit ici que d'un point
de jurisprudence, d'une simple interprétation de la loi qui nous régit. Il
n'y a pas d'interprétation possible lorsque le texte en est clair et précis, et ici
les textes sont clairs de part et d'autre,
mais il est impossible de les concilier.

Cette impossibilité se fait sentir

13

d'elle-même et au simple rapprochement des articles précités, mais elle
n'est, d'ailleurs, que trop manifeste
par l'inutilité de tous les efforts tentés à
ce sujet pendant une longue suite
d'années.

Il en est résulté deux jurisprudences
qui se trouvent diamétralement opposées. D'après l'une d'elles ce n'est pas
dans l'article 913, spécialement destiné cependant à régler la quote disponible, qu'il faut la chercher, mais
dans l'article 1094, qui avait un tout
autre objet. D'après l'autre, au contraire, ce n'est que dans l'article 913
qu'est fixée la quote disponible, et cela
est si vrai que lorsque cette quote est
épuisée par les dispositions faites en
vertu de l'article 1094, il n'y a plus de
libéralité possible, alors même que le

don fait à l'époux ne serait qu'un don
d'usufruit dont il n'est nullement question dans l'article 913 ; et enfin quoique
ce dernier article soit évidemment cor-
rélatif et nécessairement lié à l'article
1094, aucune n'a pu les concilier.

Il y a donc ici lacune ou discordance
dans la loi.

L'article 6 de la loi du 18 pluviôse
an 5, portait que « les avantages
» entre époux, maintenus par les arti-
» cles 13 et 14 de la loi du 17 nivôse
» sur l'universalité des biens de l'auteur
» de la disposition, ne s'imputaient
» point sur le 6° ou le 10ᵈ déclaré dis-
» ponible, entre toutes personnes, par
» l'article 16 de la même loi, et n'en-
» traient point en concurrence avec les
» autres légataires, dans la distribu-
» tion au marc la livre ordonnée par
» l'article précédent. »

C'était dire, en d'autres termes, que la faculté de disposer envers l'époux pouvait être cumulée avec celle permise envers tout autre que lui, or, c'est une disposition analogue à celle de cet article qu'on chercherait envain dans le code civil.

Aujourd'hui, comme en l'an 5, une loi est donc indispensable pour remplir cette lacune et cette loi est sollicitée par tout ce qu'il y a dans le Midi d'esprits éclairés, non-seulement pour régler l'avenir, mais encore pour fixer le passé.

———◆◆———

NOTA. Cette pétition fut renvoyée au garde-des-sceaux, mais on sait ce qui advenait alors de toutes celles qui subissaient le même sort. Celui de celle-ci est même à remarquer parmi les autres, car, malgré le désir que j'en avais, il me fut impossible d'en obtenir la publicité.

NOTES

SUR

LES LOIS PROVIDENTIELLES.

4.

NOTES.

---

(1) Dans l'état de nature il n'y a pas de
sauvages, la barbarie est une dégradation de
l'espèce humaine.

Si quelques-uns, a dit M. le baron Alexandre Guiraud de l'Académie-Française, dans
un ouvrage très récent, *la Philosophie catholique de l'Histoire.* « Si quelques-uns ad-
» mettent l'état sauvage comme le premier
» état de l'homme, nous le considérons com-
» me le dernier. »

(2) Dans sa dernière brochure qui a pour titre *de l'Esclavage moderne*, M. de Lamennais s'est longuement attendri sur le sort de ce qu'il appelle les prolétaires et l'inégale répartition des biens de ce monde entre les enfans d'un même Dieu, les descendans d'un même père. La tendre sollicitude de cet illustre écrivain, pour les misères humaines, dont il trace des tableaux touchans, font honneur, sans doute, et à son cœur et à son caractère; mais M. de Lamennais pense-t-il, réellement que parce que tous les hommes sont frères et égaux devant Dieu, il soit possible que tous possèdent, une égale fortune, un même rang dans la société? Ne voit-il point que dès l'instant que les rangs et les fortunes seraient égaux parmi nous, il n'y aurait plus ni laboureurs, ni artisans et que la société périrait bientôt, faute des ressources qu'elle trouve maintenant dans le travail des uns et l'industrie des autres. Que de la qualité de frères, que les hommes ne sauraient mécon-

naître sans injustice et sans impiété, on
déduise la conséquence que nous devons tous
nous secourir les uns les autres et nous aider
mutuellement à supporter le fardeau de la
vie ; rien de plus légitime, non seulement
pour un chrétien, mais pour tout homme qui
sent réellement la nature et l'élévation de
son être. Mais en conclure que toutes les
conditions doivent être égales dans la société,
tous les biens de la terre également répartis
entre les hommes, c'est pousser trop loin
l'esprit de l'Évangile et méconnaître cette
grande loi de la Providence, d'après laquelle
l'existence et la prospérité des sociétés humaines ont pour base fondamentale la dépendance mutuelle, dans laquelle tous les hommes ont été placés les uns à l'égard des
autres.

Que les lois sur la mendicité et le vagabon-
dage se trouvent aussi dans quelque contra-
diction avec le droit de la nature et les sentimens d'humanité que doivent inspirer nos

principes de charité, nous en conviendrons
encore avec M. de Lamennais, et comme lui
nous nous sommes maintes fois élevés contre la
rigueur, souvent intempestive de ces lois préventives ; mais la sécurité publique n'aurait-
elle rien à souffrir de leur suppression totale,
et les sentimens de commisération qui s'élè-
veraient ici en faveur de quelques infortunés
n'auraient-ils rien de funeste pour d'autres
membres de la société ?...

Enfin, quant aux droits politiques, au ris-
que de passer pour *niais*, nous ne saurions
admettre, avec M. de Lamennais, que tous
les hommes soient également aptes à les exercer, ou que la capacité, règle générale pour
l'exercice de tous les emplois civils, soit ab-
solument indifférente lorsqu'il s'agit de l'exercice de la souveraineté.

(3) Le luxe, a-t-on dit, est mortel pour
les états. Sans doute, lorsque les états ne

se composaient en quelque sorte que d'une
seule ville, comme Athènes ou Lacédémone;
qu'ils étaient constamment en guerre avec
leurs esclaves, et n'avaient pour défenseurs
que les habitans de la cité; mais en serait-il
de même aujourd'hui?.. « *Les terres bien cul-
tivées*, a dit avec un très grand sens l'illustre
auteur du Télémaque, *sont toujours bien
défendues.* »

(4) Montesquieu a dit, dans son *Esprit des
Lois,* qu'il y avait beaucoup à gagner à conserver les coutumes anciennes; et il penche
tellement pour tout ce qui est ancien en ce
genre, qu'il prétend que les révolutions de
nos aïeux n'amenaient ordinairement que des
corrections utiles, tandis que les nouvelles
n'amènent ordinairement que des abus.

Cette opinion tient, sans doute, beaucoup
à l'époque à laquelle Montesquieu écrivait;

car il est bien vraisemblable que ce profond
philosophe ne regarderait pas aujourd'hui, les
changemens qui se sont opérés en France,
depuis un demi-siècle, comme des abus.

Au surplus, ce n'est pas arbitrairement, ni
par esprit d'innovation que les usages et les
mœurs des peuples se modifient. Ces changemens sont le résultat insensible et inévitable de l'augmentation de la population, des
développemens de l'industrie, qu'à défaut de
propriété foncière, l'homme est obligé d'appeler à son secours; des rapports nouveaux qui
s'établissent entre un peuple et les nations
qui l'environnent; et enfin de l'accroissement
des lumières qui lui font souvent considérer
comme contraire à la dignité de l'homme, ce
que précédemment il pratiquait sans se rendre raison des effets moraux de sa pratique.

Quelques législateurs anciens, et Licurgue
surtout, semblent s'être principalement attachés dans leurs lois à maintenir les peuples

dans l'état où ils se trouvaient à leur époque; mais c'est vainement qu'ils se sont efforcés d'arrêter la marche de la nature; toutes leurs digues ont été rompues et la vie humaine a fait son cours.

(8) Voici, à peu près, comme je m'exprimais dans le mémoire que j'adressai au garde-des-sceaux.

« Nos peines sont trop flétrissantes, elles
» ne laissent aucun espoir aux condamnés.
» L'homme sortant des bagnes, de la réclu-
» sion et même de la prison correctionnelle
» qu'il a subie pour vol, est un objet d'effroi
» pour la société. Repoussé de tout le monde,
» et pressé par la nécessité, il se voit bientôt
» contraint de revenir au crime, pour obte-
» nir par ce moyen ce qu'il ne lui est plus
» permis de se procurer autrement. Ainsi,
» grâce à ces préventions funestes, fruit de
» nos lois pénales et des souvenirs trop ré-

» cens d'une législation barbare et d'une
» pénalité mal graduée, une première faute
» devient presque toujours un crime irrémis-
» sible. Dès l'instant qu'un citoyen a été
» frappé de la loi répressive, il est à jamais
» retranché de la société. Quelle que soit sa
» conduite postérieure, quel que soit son
» repentir, quels que soient ses regrets, il
» n'y a plus pour lui, dans l'opinion publique,
» ni rémission, ni grâce; la loi l'a flétri, et
» cette flétrissure survit à toutes les expia-
» tions qu'on a pu exiger de lui.

» Un tel état de choses accuse nécessaire-
» ment l'imprévoyance du législateur. Puis-
» qu'il a établi des peines temporaires, il a
» reconnu que dans certains cas, le condamné
» ne méritait pas d'être définitivement exclu
» de la société, et que, le temps de sa peine
» expiré, il devait rentrer dans la possession
» de tous les droits dont il n'avait été que
» momentanément privé: et cependant, non-
» seulement dans ce cas-là, il n'a rien fait

» pour le réhabiliter ; mais favorisant lui-
» même l'aveugle défaveur qui s'attache tou-
» jours à un condamné, il l'a soumis, après
» sa peine, à une surveillance spéciale, qui
» suffirait seule pour l'exclure à jamais de la
» société.

» La surveillance de la haute police de
» l'état, consacrée par nos lois pénales, est
» donc tout à la fois une injustice et une in-
» conséquence.

» *Une injustice*; car si la peine principale
» a été justement graduée sur la gravité du
» délit, ce que l'on a pu et dû faire, pour-
» quoi, ajoute-t-on une seconde peine à la
» première et surtout une peine perpétuelle
» et infâmante.

» *Une inconséquence*; car si le condamné
» n'a encouru qu'une peine temporaire,
» pourquoi est-il flétri à perpétuité ?

» Une loi récente, celle du **28 avril 1832**

» a bien, il est vrai, modifié en partie les
» inconvéniens majeurs qui résultaient de la
» première surveillance, en permettant aux
» libérés de choisir, à l'expiration de leur
» peine, le lieu où ils voudraient fixer leur
» résidence, droit qu'ils n'avaient pas avant
» cette nouvelle loi; mais cet adoucissement
» à la rigueur de la première peine, en a-t-
» il détruit le vice capital? A-t-il rendu aux
» libérés cette confiance publique, si néces-
» saire à l'homme qui vit du travail de ses
» mains; ce sentiment de bienveillance dont il
» est si difficile à tous de pouvoir se passer?
» Le nombre effrayant de forçats libérés qu'on
» retrouve sans cesse dans les affaires crimi-
» nelles, ne nous apprend que trop quel a
» été, depuis cette loi, le sort des malheu-
» reux que les arrêts de la justice ont flétris
» dans l'opinion publique. Mais en nous con-
» sultant nous-même sur cette question so-
» ciale, quel est celui de nous, qui, depuis
» la modification faite à notre code pénal,

» se sent plus disposé à accorder aux libérés
» une confiance qui cependant leur est si né-
» cessaire.

» Dans l'état actuel des choses, cette ré-
» pugnance ne serait, sans doute, que trop
» facile à justifier. Cependant, parmi les
» condamnés à temps, n'en est-il donc aucun
» qu'une cruelle expérience et de salutaires
» réflexions aient ramené à des dispositions
» plus bienveillantes, des intentions plus
» équitables, des sentimens plus vertueux ?
» Heureusement pour l'humanité de tels
» exemples ne seraient pas impossibles à
» rencontrer, et tout prouve surtout qu'avec
» de meilleures lois, il serait facile de les
» multiplier.

» Qu'au lieu de ce sombre avenir qui ne
» laisse aux condamnés à temps d'autre es-
» pérance, après leur peine, que celle de
» traîner dans la misère et dans le crime les
» restes d'une existence à jamais dégradée,

» on fasse apparaître à leurs yeux un vérita-
» ble rayon d'espérance, l'espoir légitime
» d'être réellement rétablis dans leurs droits
» et reçus dans la société; et bientôt au plus
» effrayant désespoir, on verra succéder le
» calme de la confiance, les désirs purs d'une
» ame honnête et les signes certains d'un
» véritable repentir. Et bientôt on verra
» l'homme qui ne sera pas entièrement dé-
» gradé par le crime, se soumettre à l'obéis-
» sance, écouter la voix du devoir et rédou-
» bler de zèle et d'attention pour mériter les
» témoignages qui devront un jour lui faire
» obtenir sa réhabilitation.

» Mais si, à la sollicitude la plus paternelle
» du législateur, le condamné ne répondait
» que par son invincible opiniâtreté à rester
» dans le crime, et persistait à nourrir con-
» tre la société ses sentimens d'indiscipline
» et d'animosité; alors, sans doute, l'intérêt
» qui se dirigeait vers lui, devrait se reporter

» sur la société elle-même; et des mesures
» purement préventives, mais efficaces, de-
» vraient à jamais éloigner de son sein, celui
» qui ne désire y rentrer que pour en trou-
» bler le repos et peut-être l'ensanglanter.

» J'aurai donc l'honneur de proposer à
» Votre Excellence: 1º la suppression entière
» de la surveillance de la haute police de l'é-
» tat, comme inutile dans les cas ordinaires,
» injuste envers les condamnés, et même
» nuisible à la société; 2º la réhabilitation
» solennelle de tous les condamnés à temps
» lorsqu'ils seront jugés dignes de cette fa-
» veur, et la colonisation de ceux qu'une
» épreuve rigoureuse et toute la sollicitude
» du législateur trouveraient insensibles.

» Rassurée par cette mesure, tout à la
» fois de clémence et de rigueur, la société
» s'accoutumerait, sans doute, insensible-
» ment, à ne voir dans les libérés que des en-
» fans égarés, que l'expérience et le repen-

» tir ramèneraient vers elle; et enfin, consé-
» quente avec elle-même, la loi rendrait au
» condamné à temps, après l'expiration de sa
» peine, tout ce que la condamnation lui
» avait enlevé.

» Cette réhabilitation serait, au reste,
» bien différente de celle autorisée par le
» Code d'instruction criminelle et la loi du
» 28 avril 1832; car, tandis que celle-ci
» n'est que facultative pour le condamné, et
» ne peut être demandée que cinq ans après
» l'expiration de la peine, l'autre serait de
» rigueur et suivrait immédiatement la libé-
» ration du condamné, qui, dès-lors, repren-
» drait définitivement sa place dans la so-
» ciété, ou en serait définitivement exclu.

» Elle serait requise par le ministère pu-
» blic et prononcée par les mêmes cours
» d'assises qui auraient rendu les arrêts de
» condamnation, ces mêmes cours pronon-

» ceraient aussi, lorsqu'il y aurait lieu, l'en-
» voi en colonie. »

La difficulté de trouver un lieu pour l'é-
tablissement de la colonie ne m'a jamais paru
insoluble et moins encore dans ce moment-ci.
Obligés, en effet, de défendre pied à pied
contre les Arabes d'Afrique nos possessions
dans l'Algérie, qu'est-ce qui empêcherait de
former, des forçats libérés, des compagnies
particulières, qu'on placerait aux postes les
plus avancés. La crainte qu'ils ne passassent
à l'ennemi et ne prissent les armes contre
leur patrie? Je l'avoue; mais un pareil choix
ne serait pas sans doute celui de la majorité;
et si, parmi ces misérables, il en était réellement quelqu'un qui préférât la vie des Arabes à celle de son pays, reste à savoir, s'il ne
vaudrait pas mieux l'avoir en face comme
ennemi, qu'avoir à craindre de le rencontrer
sur son chemin pendant la nuit.

Le système que nous proposons, au reste,

n'a rien d'incompatible avec tel régime pénitentiaire qu'on voudra adopter, puisque ce
n'est qu'après l'expiration de la peine qu'il y
aurait lieu à l'appliquer. Quant à ce régime,
tous les essais possibles ayant déja été faits
par une partie des Etats-Unis du nouveau
monde, il me semble qu'il ne reste qu'à
choisir entre celui d'Auburn et celui de
Philadelphie, si savamment décrits par
MM. Gustave de Beaumont et Alexis de
Tocqueville, dans leur précieux ouvrage sur
le système pénitentiaire aux Etats-Unis et
son application en France.

Le besoin des maisons de refuge ne se fait
pas moins sentir parmi nous que celui d'un
système pénitentiaire, et il faut espérer aussi
que les exemples que nous fournit encore
l'Amérique à ce sujet, ne seront pas entière
ment perdus pour un peuple aussi éclairé et
aussi humain que le peuple Français.

(6) Ce projet n'ayant encore été publié par aucun des journaux de la capitale, nous le donnons également ici, afin de ne pas laisser tomber dans l'oubli, une réforme législative qui intéresse si éminemment la société.

PROJET DE LOI

SUR LE DUEL,

Adressé au garde-des-sceaux en 1838, et à la chambre des députés en 1839.

« Une loi sur le duel est indispensable à
» la sûreté personnelle. Le besoin de cette
» loi se fait sentir depuis des siècles, et
» cependant elle n'existe pas encore, elle n'a
» jamais existé. On s'est contenté jusqu'à
» présent de défendre les duels, comme s'il
» suffisait de les défendre pour les empê-
» cher. L'erreur est évidente : puisque les

» duels sont inévitables, il est inutile de les
» défendre, il faut les juger, et je suis très
» convaincu que si on les juge sainement,
» on pourra les empêcher.

» Dans toute espèce de débat entre les
» hommes, la justice et le droit doivent se
» trouver d'un côté, l'injustice et le tort de
» l'autre. Parmi les contendans, il en est
» donc un que la société doit appuyer et
» protéger, l'autre qu'elle doit au contraire
» contenir ou réprimer.

» Cette loi générale s'applique aux duels
» comme à toutes les autres difficultés qui
» peuvent naître dans la société. Il est donc
» indispensable de les étudier, d'en recher-
» cher les causes et de les apprécier, afin
» d'en faire retomber les résultats sur celui
» qui les aura provoqués.

» Malgré l'admirable, la sublime morale
» de l'Évangile, il demeure malheureusement

» trop constant parmi nous, que tout outrage
» fait à l'homme doit être réparé, et que
» nul ne peut se dispenser d'un devoir si
» sacré sans porter plus ou moins atteinte
» à son honneur ou à sa dignité.

» Une réparation est donc due à l'offensé;
» mais dans quelles limites est-il en droit
» de l'exiger : c'est ici que commence la pre-
» mière difficulté.

» Suivant quelques vieux préjugés, dont
» la rigueur a cependant toujours été plus ou
» moins modifiée, ce n'est que dans le sang
» de l'offenseur qu'une insulte peut être la-
» vée; mais il est bien évident qu'une telle
» prétention est énormément exagérée; elle
» ne peut même s'expliquer que par la bar-
» barie des temps dans lesquels elle est née,
» ou le premier feu que la colère excite dans
» l'esprit de celui qui vient d'être offensé.

» La raison consultée tient un autre lan-

» gage, et elle dit que l'outrage, quelle que
» soit d'ailleurs sa gravité, peut toujours
» être réparé par une rétractation non équi-
» voque de la part de celui qui s'en est rendu
» l'auteur; un aveu sincère qu'il a eu tort,
» qu'il s'est trompé; par la déclaration enfin
» qu'il est prêt à réparer le dommage qu'il
» peut avoir causé.

» La rétractation de l'offenseur, l'offre par
» lui faite de réparer le dommage qu'il peut
» avoir causé, doivent donc satisfaire l'of-
» fensé. Mais si cette réparation est refusée,
» c'est à l'offenseur que toutes les suites du
» duel doivent être imputées, et rien, en pa-
» reil cas, ne saurait décliner cette responsa-
» bilité. N'est-il pas monstrueux, en effet,
» que l'outrage volontairement fait, que l'of-
» fenseur réitère en quelque sorte, en refu-
» sant de le réparer, soit ensuite valable-
» ment lavé, non dans le sang de l'offen-
» seur, mais dans celui de l'offensé? Une
» pareille atrocité ne peut plus être tolérée,

» et la raison, comme l'humanité réclament
» à la fois qu'elle soit poursuivie et réprimée.

» A diverses époques, il est vrai, notre
» législation qui a souvent varié à ce sujet,
» a prononcé des peines sévères contre les
» auteurs de meurtres commis en combat
» singulier; mais dans aucun temps le légis-
» lateur n'a voulu s'occuper des détails qui
» avaient précédé ces événemens désastreux
» et des causes plus ou moins graves qui les
» avaient amenées; en sorte que toujours,
» et encore aujourd'hui, d'après la dernière
» jurisprudence de la cour suprême, il punit
» sans s'enquérir de quel côté se trouve la
» responsabilité.

» Une telle législation, une telle jurispru-
» dence, n'ont pas besoin, sans doute, d'être
» réfutées. L'offensé qui prend les armes
» pour soutenir son honneur attaqué est dans
» le cas d'une légitime défense; et puisque
» dans certaines circonstances la loi autorise

» le meurtre pour défendre sa propriété,
» comment punirait-elle celui qui, au péril
» de sa vie, défend son honneur ou sa di-
» gnité ?

» Il n'en est pas de même de l'autre côté,
» et l'offenseur qui, soutenant une injuste
» agression, ajoute à l'outrage volontaire le
» meurtre de l'offensé, commet incontesta-
» blement un horrible forfait.

» Il est donc absurde et révoltant de con-
» fondre l'un et l'autre dans la même péna-
» lité. L'un remplit un devoir qui lui est
» imposé par une loi impérieuse ; celle du
» préjugé ; l'autre, n'obéit, le plus souvent,
» qu'à un esprit de despotisme, d'envie ou
» de puérile vanité.

» Dira-t-on que la rétractation de l'offen-
» seur peut aussi être mal interprétée ; qu'au
» lieu d'être attribuée à sa conscience, elle
» pourrait l'être à sa lâcheté, et que dès-

» lors son honneur engagé lui prescrit un
» devoir semblable à celui que le préjugé
» impose à l'offensé ?

» Dira-t-on encore que dans le cas d'of-
» fenses réciproques, il est très difficile de
» pouvoir reconnaître quel est l'offenseur et
» quel est l'offensé ?

» Il est aisé de répondre à ces difficultés.

» Il est faux d'abord que dans l'esprit du
» monde et même dans celui de l'armée, la
» réparation, lorsqu'elle est due à l'offensé,
» soit considérée comme une lâcheté. Les
» hommes les plus prompts à l'exiger se font
» un devoir aussi de ne jamais la refuser.

» L'on sait, enfin, qu'en cas d'offenses
» réciproques, c'est toujours le premier in-
» sulté qui demeure l'offensé.

» Il sera donc toujours facile aux témoins
» appelés à un combat singulier, de recon-

» naître avant l'action, de quel côté se trouve
» la première offense et par conséquent de
» quel côté se trouve la responsabilité, et
» l'honneur comme la loi doit leur faire un
» devoir de le déclarer.

» Il est très vraisemblable que cette dé-
» claration aura souvent d'heureux effets;
» mais dans tous les cas elle servira de flam-
» beau à la justice pour reconnaître le cou
» pable et ne pas le confondre avec l'opprimé.

» On m'objectera peut-être qu'au lieu de
» le combattre, je cède ici au préjugé. Cela
» est possible, j'en conviendrai même si on
» veut l'exiger; mais qu'importe, si ce moyen
» est le seul qu'on puisse employer pour en
» arrêter les désastreux effets? Il y a des
» siècles qu'on lutte contre lui par des moyens
» contraires sans avoir jamais obtenu aucun
» succès. Ne pourrait-on pas essayer d'un
» autre mode, et comme je l'ai déja dit,

» puisque défendre ou punir le duel, sans
» examen, c'est ne rien faire, ne pourrait-on
» pas essayer de le juger.

PROJET.

ARTICLE PREMIER.

« Lorsque l'offenseur aura succombé dans
» un duel, son adversaire sera déclaré excu-
» sable, s'il peut justifier qu'il était à l'abri
» de toute responsabilité.

ART. 2.

» L'offensé sera à l'abri de toute responsa-
» bilité, lorsqu'il pourra établir qu'il n'a pris
» les armes que parce qu'une juste réparation
» lui a été refusée.

Art. 3.

» La réparation due à l'offensé devra tou-
» jours être mesurée sur la gravité de l'of-
» fense, et sera déterminée par les témoins
» appelés.

Art. 4.

» Faute par les témoins d'avoir exprimé,
» avant le combat, de quel côté se trouvait la
» responsabilité, elle pèsera sur eux-mêmes,
» et ils pourront être poursuivis comme
» complices du meurtre ou des blessures qui
» auront été commis.

Art. 5.

» S'il y a partage entre les témoins sur la
» responsabilité, ils seront obligés d'empêcher
» le duel et de se retirer, et il ne pourra être
» repris que lorsque ce partage aura été
» vidé.

Art. 6.

» Si malgré la réparation faite à l'offensé,
» celui-ci persiste à demander le combat,
» l'offenseur devra s'y refuser, et alors ce
» sera sur l'offensé, si le duel a lieu, que
» reposera la responsabilité.

Art. 7.

» Si l'offensé a succombé, l'offenseur sur
» lequel pesait toute la responsabilité sera
» puni de la peine infligée au meurtrier.

Art. 8.

» Lorsque l'offense aura été préméditée,
» le meurtre de l'offensé sera réputé assas-
» sinat.

Art. 9.

» Si l'offensé n'a reçu que des blessures,
» l'offenseur sera puni selon leur gravité.

Art. 10.

» Il en sera de même de l'offensé lorsque
» celui-ci aura pris sur lui la responsabilité ;
» et si dans ce même cas il se rend coupable
» de meurtre, l'art. 7 lui sera appliqué.

Art. 11.

» En cas d'outrages réciproques, le pre-
» mier insulté sera toujours réputé l'offensé.

Tous les peuples de l'Europe, sauf
l'Angleterre et nous, ont une législation spéciale pour le duel, parce que tous les peuples
ont senti qu'il n'était pas possible de confondre un combat d'homme à homme où tout
est prévu d'avance, et où toutes les chances
du succès doivent être également partagées,
avec un assassinat. Certains d'entre eux ont
même établi des différences, quant à la peine,
entre les deux auteurs de ce délit ; mais uniquement préoccupés des moyens d'empêcher

lo duel, c'est contre lo provocatour de ce
combat, c'est-à-diro l'offensé, qu'ils ont réservé la plus forte peino, celle du meurtre
ou do l'assassinat, tandis que l'offenseur, soul
responsablo des suites do son offense, s'il
so refuse à la réparer, n'encourrait que la
peino la plus légère, cello qu'il aurait fallu
réserver pour l'offensé. V. *La théorie du
code pénal, par Adolphe Chauveau et Faus-
tin Élie, tom. 5, pag. 308 et suivantes.*
Des erreurs aussi palpables feront voir,
sans doute, la nécessité de prendre uno au-
tro voie; car on voit combien en poursuivant
l'impossible on s'est écarté de l'équité.

(7) On sait qu'après les journées des 12
et 13 mai, à Paris, les ouvriers à Marseillo
ont fait une tentative pour s'emparer de cette
ville.

(8) Cette question touche évidemment au
sommet des destinées humaines. Il s'agit de

savoir si l'homme dont les désirs n'ont point
de borne, dont l'esprit n'a pas de repos,
s'élèvera jamais jusqu'à ses hautes régions
de l'intelligence où le génie commande à la
matière, et où la nature n'a plus de secrets.

(9) C'est ainsi que Simon et sa famille
furent appelés à régner sur les Juifs. Et c'est
ainsi que Déjocès fut appelé à gouverner les
Mèdes, comme nous l'enseigne Hérodote.

(9 *bis.*) On conçoit que l'intervention dont
nous voulons parler ici n'est pas cette intervention politique, dont le but secret est toujours la conquête du peuple qui en est l'objet;
que ce n'est pas non plus, excepté dans
quelques cas rares, l'intervention armée.
Mais comment un peuple libre peut-il s'empêcher de dire un mot en faveur de celui
que des préjugés absurdes ou des habitudes
inhumaines tiennent encore enchaîné?

(10) Nous n'aurons pas la force de rapporter ici le nombre d'exemples que les

statistiques de nos annales judiciaires re-
cueillent chaque année, du crime que Solon
n'avait pas cru possible. Mais ne serait-il
pas temps enfin d'opposer quelque digue à
ce débordement croissant d'impiété filiale et
d'attentats contre nature dont nous sommes
inondés?

Quoique ces tristes résultats puissent être
attribués en partie à la position de la question des circonstances atténuantes *dans toute
espèce d'accusation criminelle*, ce n'est cependant pas aux vices de la loi pénale qu'ils
doivent être principalement attribués; mais
à ceux de la loi civile, qui en interdisant
aux pères la faculté de disposer de la majeure partie de leur bien, ne leur a laissé,
dans aucun cas, le droit d'user de ce pouvoir domestique que nos anciennes lois leur
avaient conservé.

(11) Nous ne voulons pas dire par là qu'une
nation fût sage de renoncer tout-à-coup à
ses douanes, et de se livrer entièrement aux

spéculations des autres peuples, alors que ceux-ci maintiendraient à son égard toute la rigueur de leur droit prohibitif. Mais faut-il renoncer à jamais à la liberté du commerce, et peut-on s'empêcher de combattre un système qui a été si funeste à l'humanité ?

Comment, en effet, les peuples ne se sont-ils pas aperçus qu'une mesure prohibitive d'un côté, en appelant une autre du côté opposé, de prohibition en prohibition, ils finissaient par se priver tous, des avantages que chacun d'eux aurait pu, en particulier, retirer de sa position topographique, ou des produits de son industrie, pour les remplacer par des combinaisons mercantiles, souvent incertaines, et toujours insuffisantes pour les remplacer.

Maintenant que tout a été interverti dans l'ordre de la nature, et que les avantages particuliers que la Providence avait réservé à chaque peuple, ont presque entière-

mont disparu sous le faux système des taxes
et des prohibitions, qu'arrive-t-il? c'est qu'on
ne se retrouve plus dans ce labyrinthe d'intérêts croisés; que les avantages d'un système qu'on espérait dans un sens se présentent, le plus souvent, dans un sens opposé,
et qu'il n'en est aucun qui ne soit acheté
par quelqu'autre sacrifice. En résultat,
tout le monde souffre du système des prohibitions, et l'Angleterre elle-même, reve-
nant sur le passé, semble aujourd'hui sentir, plus que tout autre peuple, l'erreur dans
laquelle elle serait tombée.

Les économistes modernes parviendront-
ils jamais à retirer quelque avantage d'un si
grand conflit d'intérêts, à porter quelque lumière dans ce cahos obscur, enfin à former
une science de la combinaison ou du rapprochement des tarifs des douanes et des exporta-
tions des divers peuples de la terre? Ou, mieux
avisés, reconnaîtront-ils enfin que, circonscrite
dans ses véritables limites, cette science se

confond avec la science commerciale elle-
même, science essentiellement variable, et
qui ne reposant que sur des rapprochements
circonstantiels, et des combinaisons incon-
nues au plus grand nombre, n'est susceptible ni de principes fixes, ni de publicité.

(12) L'intolérance religieuse, si contraire
d'ailleurs à l'esprit de l'évangile en général,
ne reposait-elle pas encore sur une autre
erreur? n'avait-on pas transporté à la différence des cultes l'anathême que le Très-
Haut n'avait prononcé que contre la différence des religions?

Que dans les temps où les hommes, plongés encore dans la plus profonde ignorance,
adressaient leurs vœux à un veau d'or, à
un légume, à un animal immonde, le Très-
Haut les ait menacés de sa colère, s'ils con-
tinuaient à méconnaître ainsi sa toute-puis-
sance et sa divinité, cela se conçoit; mais
alors que tous les hommages, tous les vœux
ne se sont adressés qu'à un être suprême,

auteur de la nature; que l'univers n'a formé pour ainsi dire qu'un seul temple où le même Dieu était adoré, la différence des noms sous lesquels on l'a invoqué, la différence des rites dans le culte qui lui a été adressé, celle enfin de la décoration du lieu où les hommes se sont assemblés, ont-elles pu exciter dans le Tout-Puissant la même colère, et mériter la même réprobation? non, cela ne saurait être, et si l'on doit désirer que tous les hommes n'ayant qu'un seul Dieu, n'aient aussi qu'un même culte pour l'honorer, leur divergence, à cet égard, ne saurait jamais être assimilée à l'idolâtrie.

RÉPONSE

*à quelques objections qui m'ont été faites
contre mon projet de loi sur le duel.*

« Dans votre projet de loi sur le duel,
» m'a-t-on dit, vous voulez organiser l'ar-
» bitrage, cela paraît fort difficile et peu
» compatible avec l'esprit absolu de notre
» législation pénale, qui n'admet pas ex-
» pressément une classe de choses qui ne
» sont ni formellement permises, ni for-
» mellement défendues. »

R. L'arbitrage dans le duel, si désirable
d'ailleurs en lui-même, n'est pas, quant à
présent, l'unique but que je me suis proposé d'atteindre. Le but principal et actuel
de mon projet, c'est de faire établir une
différence dans les peines entre l'offenseur
et l'offensé; cette différence me paraissant
nécessairement commandée par celle des

positions dans lesquelles ils se trouvent res-
pectivement placés.

L'offenseur, en effet, n'ayant rien à re-
douter du préjugé, n'a rien non plus qui
l'oblige à prendre les armes contre l'offensé,
et il peut, à son gré, ou persister dans son
offense, ou la réparer. L'offensé, au contraire, n'est pas libre dans son choix; il est
obligé de se laver de l'injure qui lui a été
faite, et il se trouve placé entre le préjugé
qui lui proscrit ce devoir d'un côté, et la
loi pénale qui le menace de l'autre, s'il veut
s'en acquiter.

Cette position est trop fâcheuse, et puisque, comme l'expérience l'a prouvé, aucune
loi sur le duel ne saurait l'empêcher, il faut
nécessairement venir au secours de l'offensé.
Or, le préjugé étant inflexible à son égard,
il est évident que c'est la loi pénale qui
doit fléchir de son côté.

Les positions alors deviennent plus égales,
car si l'offensé expose sa vie pour se laver

d'un outrage, il n'aura pas du moins à redou-
ter encore les suites de son succès. Et si l'offenseur persiste dans son offense, en se refusant
à la réparer, il n'en sera pas quitte, comme
il l'a si souvent été, en ajoutant le meurtre
à l'outrage, en trempant ses mains dans le
sang de l'offensé.

On ne saurait trop, à ce qu'il me semble, insister sur la nécessité de cette différence dans
les peines, car qui sait combien de meurtres
elle préviendrait. L'on sent, en effet, que
lorsque l'offenseur se trouvera placé, à son
tour, entre l'arme de son adversaire d'un
côté, et la loi pénale de l'autre, prête à le
frapper, s'il se refuse à réparer son offense,
il aura à y songer.

Combien d'offenses d'ailleurs, combien de
duels n'aura-t-on pas évité, lorsque l'offenseur n'aura plus l'espoir, si souvent réalisé,
d'échapper à toute justice, pourvu qu'il sa-
che éviter le danger.

« Vos témoins, ajoute-t-on, deviennent en

» quelque sorte des juges, c'est presque une
» magistrature ; ne faudrait-il pas alors
» qu'elle fût organisée ? N'y aurait-il pas à
» fixer des conditions d'aptitude, des formes
» de procédure et des formules de juge-
» ment ? »

R. Dans ma pensée les témoins du duel
ne jugent rien, et n'ont rien à juger ; comme les jurés, ils n'ont qu'un fait à reconnaître, celui de la culpabilité ; et ils la consta-
tent en déclarant de quel côté se trouve la
première offense, et par conséquent la responsabilité.

Telle est, au reste, la conduite ordinaire
des témoins en pareil cas ; car il est peut-
être sans exemple, que des témoins appelés
à un combat singulier, aient permis le duel
sans s'être informés auparavant des motifs ou
des circonstances qui l'avaient amené. Tout
ce que j'ajoute à ce qui se pratique habituel-
lement, c'est un avertissement de leur part,
à celui qui leur paraît avoir quelque tort

grave à se reprocher, du témoignage qu'ils
seront obligés de fournir contre lui, s'il se
refuse à le réparer.

Il est possible, sans doute, que dans quelques cas particuliers, mais qui seront rares,
il soit difficile de reconnaître, avec certitude,
de quel côté se trouve la véritable offense,
et par conséquent le tort à réparer; mais
ce ne sera jamais impossible, et le plus souvent, les témoins n'auront nulle peine à
s'en assurer; car sans un tort saillant, et
même facile à reconnaître, où serait le motif qui donnerait lieu à la réparation ré-
clamée par l'offensé.

Quant aux conditions d'aptitude pour juger
la question de la responsabilité, il est inutile
de s'en occuper, les parties trouvant toujours
dans les personnes de leur classe, parmi
lesquelles sont toujours pris les témoins appelés, celles qui sont les plus aptes à apprécier la nature de l'offense, et à prendre
à la querelle tout l'intérêt qu'elle peut mériter.

« Ce n'est pas tout, d'ailleurs, ajoute-t-on
» encore, d'avoir déterminé qui avait tort,
» ou qui avait raison à l'origine de la que-
» relle; n'y a-t-il pas à examiner la conduite
» des parties dans l'acte même du duel?
» Celui à qui vous reconnaissez bon droit,
» obligé de se défendre, peut finir par abu-
» ser de tels ou tels avantages, les témoins
» resteront-ils les juges légaux du combat
» jusqu'à la fin? Mais alors vous organisez
» le champ clos, vous voilà retrogradé au
» moyen âge. »

R. Dès l'instant que les témoins, suivant
mon projet, ont déclaré de quel côté se trouvait la responsabilité, ils n'ont plus rien à
faire, car alors, quel que soit l'abus que l'offenseur puisse faire de ses avantages contre
l'offensé, sa responsabilité est là, et la peine
qui l'attend est celle du meurtrier. Si c'est
au contraire, l'offensé qui en abuse de son
côté, c'est un malheur, sans doute, mais il
retombe au moins sur celui qui l'a mérité.

Les témoins du duel, suivant mon projet, pourraient, donc se retirer, s'ils le voulaient, aussitôt qu'ils auraient prononcé sur la responsabilité. Si cependant des motifs d'humanité, d'intérêt particulier, ou l'espoir d'un rapprochement, les détermine à assister au duel jusqu'à ce qu'il soit entièrement terminé, ils ne sont plus alors que juges, quant à l'honneur, de la loyauté du combat; mais qu'elle que soit cette loyauté de part et d'autre, elle ne doit atténuer en rien les conséquences de la responsabilité.

www.ingramcontent.com/pod-product-compliance
Lightning Source LLC
Chambersburg PA
CBHW052100230326
41599CB00054B/3562